Böreklerin İncili
VE patates kızartması

Fazlası ile Kızarmış Yemek Kitabı
100 Lezzetli Börek Tarifi ve Patates Kızartması Tarifi

Melek Sari

Tüm hakları Saklıdır.

sorumluluk reddi

İçerdiği bilgiler, bu e-Kitabın yazarının hakkında araştırma yaptığı kapsamlı bir stratejiler koleksiyonu olarak hizmet etmek içindir. Özetler, stratejiler, ipuçları ve püf noktaları yalnızca yazar tarafından tavsiye edilir ve bu e-Kitabı okumak, sonuçların yazarın sonuçlarını tam olarak yansıtacağını garanti etmez. E-Kitabın yazarı, eKitabın okuyucularına güncel ve doğru bilgiler sağlamak için tüm makul çabayı göstermiştir. Yazar ve ortakları, bulunabilecek herhangi bir kasıtsız hata veya eksiklikten sorumlu tutulamaz. E-Kitaptaki materyal üçüncü şahısların bilgilerini içerebilir. Üçüncü taraf materyalleri, sahipleri tarafından ifade edilen görüşlerden oluşur. Bu nedenle, e-Kitabın yazarı herhangi bir üçüncü taraf materyali veya görüşü için sorumluluk veya yükümlülük üstlenmez.

E-Kitabın telif hakkı © 2021 ve tüm hakları saklıdır. Bu e-Kitabın tamamını veya bir kısmını yeniden dağıtmak, kopyalamak veya türev çalışmalar oluşturmak yasa dışıdır. Bu raporun hiçbir bölümü, yazarın yazılı ve imzalı izni olmadan herhangi bir biçimde çoğaltılamaz veya yeniden iletilemez veya herhangi bir biçimde yeniden iletilemez.

GİRİİŞ 9
HUBUBAT, KURUTULMUŞ VE TOHUMLU
BÖREKLER 11

1. Hızlı kahverengi pirinç börekleri 11
2. Mısır börek 13
3. Siyah gözlü bezelye börek 15
4. Pirinçli börek 17
5. Yaban mersini/mısır börek 19
6. Daldırma soslu mısır börekleri 21
7. Karnaval börekleri 23
8. Armut salsalı Garbanzo börek 25
9. Nohutlu kuskuslu börek 27
10. Mısır ve biber börekleri 29
11. Chanuka börekleri 31

SEBZE BÖREKLERİ 33

12. Bamya börek 33
13. Fasulyeli börek 35
14. Zencefilli tatlı patates börekleri 37
15. Patlıcanlı börek 39

16. Enginar börek 41
17. Ravent pazı börek 43
18. İncirli börek 45
19. Şalgam börekli karışık yeşillikler 47
20. Tatlı kabak börek 49
21. Pırasalı börek 51
22. Mercimek börek ve pancar Vinaigrette 53
23. Patlıcanlı börek 55
24. Körili havuçlu börek 57
25. Kızarmış bezelye börek 59
26. Doldurulmuş patates börekleri 61
27. Mantarlı börek 63
28. Soğan bhajiyaları / soğanlı börek 65
29. Pako 67
30. Yaban havucu ve havuçlu börek 69

31. Pomme frites/patatinli börek 71

32. Patates ve cevizli börek 73

33. Kabaklı börek 75

34. Ispanaklı börek 77

35. Derin yağda kızartılmış tofu börekleri .... 7936. Domatesli börek 81

MEYVE BÖREKLERİ 83

37. Hollandalı elmalı börek 83
38. Elmalı-portakallı börek 85
39. Tempura hamurunda muzlu börek 87
40. Kayısılı börek 89
41. Benya muzlu börek 91
42. Langoustine ve muzlu börek 93
43. Konserve şeftalili börek 95
44. Karayip ananaslı börek 97
45. Mürver börek 99
46. Meyve ve sebze börekleri 101
47. Limon-burbon soslu meyveli börek 103

48. Kuzey casus elmalı börek 105
49. Ananaslı muzlu börek 107
50. Haşlanmış armut börek 110
51. Yayın balığı börek 112
52. Morina balığı börek 114
53. Balık ve yengeç eti börek 116
54. cape morina deniz tarağı ve mısır börek 118
55. Kabuklu börek 120
56. Konserve midye börek 122
57. Yengeç ve avokadolu börek 124
58. Kerevit börek 126
59. İstiridye börek 128
60. Endonezya mısır karidesli börek 130
61. İtalyan spagetti kabak börek 132
62. Istakoz börek 134
63. Salsa ile midye börek 136
64. Ahtapot börek 138
65. Karidesli börek 140

66. İstiridye mısırlı börek 142
67. Ton balıklı börek 144

PEYNİRLİ BÖREKLER 146

68. Basle peynirli börek 146
69. Yoğurtlu kayısı soslu otlu börek 148
70. Bern peynirli börek 150
71. Fasulye, mısır ve çedarlı börek 152
72. Mozzarellalı börek ve spagetti 154
73. Emmenthal peynirli börek 156
74. Mısır unlu çedarlı börek 158
75. Camembert börekleri 160
76. Karnabahar-çedarlı börek 162
77. Peynirli patates börekleri 164
78. Armut ve çedarlı börek 166
79. Bagna cauda ile ricotta ve kestane börek 168
80. Waadtland peynirli börek 170

ETLER VE KANATLI BÖREKLER 172

81. Tavuklu börek 172

82. Tıknaz dana börekleri 174
83. Fasulyeli ve makarnalı yumurtalı börek 176
84. Taze mısır ve sosisli börek 178
85. Sosisli mısır börekleri 180
86. Kore usulü etli börek 182
87. Parmesanlı ve mozzarellalı börek 184

TATLI BÖREKLERİ 186

88. Çikolata kaplı cevizli börek 186
89. Choux börekleri 188
90. Noel pudingi börekleri 190
91. Tarçınlı börek 192
92. Fransız börekleri 194
93. Akçaağaç börek 196
94. Rom kirazlı börek 198
95. Suvganiyot 200
96. Şarap börekleri 20
2 YENEBILEBILIR ÇIÇEK BÖREKLER 204

97. Mürver çiçeği köpüğü ile servis edilen mürver çiçeği börek 204
98. Karahindiba çiçekli börek 206
99. Mürver çiçeği börek 208
100. Gül yapraklı börek 210
ÇÖZÜM 212

GİRİİŞ

Tanım olarak, börekler temel olarak üç kategoriye ayrılan kızarmış yiyeceklerdir:

- Derin yağda kızartılmış Chou pastası veya mayalı hamur.

- Hamurla kaplanmış ve derin yağda kızartılmış et, deniz ürünleri, sebze veya meyve parçaları.

- Mısır börekleri gibi hamur içinde doğranmış yiyeceklerden oluşan küçük kekler.

Börek son derece çok yönlü bir besindir. Garnitür, meze, atıştırmalık veya tatlı olabilirler. İlk olarak 16. yüzyılda Japonya'da tanıtıldılar ve bu on yılda giderek daha popüler hale geldiler.

Başlamak için Temel İpuçları

1. Yağdan korkma. Tavaya yeterince eklediğinizden emin olun, çünkü bu böreklere gevreklik, güzel renk ve lezzetli bir tat vermeye yardımcı olacaktır.

2. Bırak cızırdasın! Pişirmeden önce tavanızın uygun şekilde ısıtılması gerekir. Börek tavaya çarptığında cızırdamıyorsa, hazır olmadığını bilirsiniz!

3. Tavayı aşırı doldurmayın, çünkü bu, tava sıcaklığının düşmesine neden olarak topal, az pişmiş böreklere neden olur.

Temel Formül

Sebzeler + Aromatikler ve Baharatlar + Peynir + Bağlayıcı Madde

HUBUBAT, KURUTULMUŞ VE TOHUMLU BÖREKLER

1. Hızlı kahverengi pirinç börekleri

Verim: 6 Porsiyon

Bileşen

- 2 su bardağı Pişmiş kısa taneli kahverengi pirinç
- ½ bardak) şeker
- 3 yumurta; dövülmüş
- ½ çay kaşığı Tuz

- ¼ çay kaşığı Vanilya

- 6 yemek kaşığı Un

- ½ çay kaşığı Hindistan cevizi

- 3 çay kaşığı Kabartma tozu

Pirinç, yumurta, vanilya ve hindistan cevizini birleştirin ve iyice karıştırın.

Kuru malzemeleri birlikte eleyin ve pirinç karışımına karıştırın. Kızgın derin yağa (360) kaşık kaşık atın ve kızarana kadar kızartın.

Emici kağıt üzerine boşaltın, pudra şekeri serpin ve sıcak servis yapmak

2. Mısır börekleri

Verim: 4 Porsiyon

Bileşen

- 10 ons Yeşil dev donmuş krema tarzı

- Derin kızartma için mısır yağı
- ½ su bardağı Un
- ½ su bardağı Sarı mısır unu
- 1 çay kaşığı Kabartma tozu
- 1 çay kaşığı Anında kıyılmış soğan
- ½ çay kaşığı Tuz
- 2 yumurta

Açılmamış mısır poşetini, çözülmesi için 10 ila 15 dakika ılık suda bekletin.

Derin yağlı fritözde veya ağır tencerede 2 ila 3 inç yağı 375 dereceye ısıtın. Orta kasede, çözülmüş mısır ve kalan malzemeleri birleştirin; iyice birleştirilene kadar karıştırın.

Hamuru yemek kaşığı dolusu kaşıkla 375 derece kızgın yağa bırakın.

2 ila 3 dakika veya altın kahverengi olana kadar kızartın. Kağıt havlu üzerine boşaltın

3. Siyah gözlü bezelye börek

Verim: 20 Porsiyon

Bileşen

- Yarım kilo börülce, ıslatılmış
- 4 diş sarımsak, ezilmiş
- 2 çay kaşığı Tuz
- 1 çay kaşığı Karabiber
- 4 yemek kaşığı Su
- kızartmalık yağ

- Tatmak için limon suyu

Bezelye yumuşadığında, kabuklarını ovalayın ve 30 dakika daha ıslatın.

Boşaltın ve durulayın.

Bir mutfak robotunda bezelye, sarımsak, tuz ve karabiberi işleyin

İşleme devam ederken su ekleyin. Pürüzsüz, kalın bir püre elde etmek için yeterince su ekleyin.

Fırını 250F'ye önceden ısıtın. Büyük bir tavada 2 ila 3 inç yağı ısıtın ve 1 küvet meyilli hamuru altın rengi olana kadar kızartın. Tüm hamur bu şekilde kızarana kadar tekrarlayın. Sıcak tutmak için fırında bekletin.
Sıcak servis yapın, üzerine tuz ve limon suyu serpin.

4. Pirinçli börek

Verim: 12 Porsiyon

Bileşen

- 1 paket kuru maya
- 2 yemek kaşığı ılık su
- $1\frac{1}{2}$ fincan Pişmiş pirinç; soğutulmuş
- 3 yumurta; dövülmüş
- $1\frac{1}{2}$ su bardağı Un
- $\frac{1}{2}$ bardak) şeker

-
-
    - ½ çay kaşığı Tuz
    - ¼ çay kaşığı Hindistan cevizi
- Derin kızartma için yağ
- şekerleme şekeri

Mayayı ılık suda eritin. Pirinçle karıştırın ve gece boyunca ılık bir yerde bekletin. Ertesi gün yumurta, un, şeker, tuz ve hindistan cevizini çırpın.

Kalın bir hamur yapmak için gerekirse daha fazla un ekleyin. Yağı 370 dereceye veya 1 inçlik bir ekmek küpü 60 saniyede kızarana kadar ısıtın. Hamuru bir çorba kaşığı sıcak yağa dökün ve altın kahverengi olana kadar yaklaşık 3 dakika kızartın.

Kağıt havluların üzerine alıp üzerine pudra şekeri serpin. sıcak servis yapın

5. Yaban mersini/mısır börek

Verim: 6 Porsiyon

Bileşen

- ⅔ su bardağı Un
- ⅓ su bardağı mısır nişastası
- 2 yemek kaşığı Şeker
- 1 çay kaşığı Kabartma tozu
- ½ çay kaşığı Tuz
- ¼ yemek kaşığı Hindistan cevizi, öğütülmüş
- ⅓ su bardağı Süt

    2 Yumurta, ayrılmış

-
-
  Sebze yağı
- 1½ su bardağı yaban mersini
- Şekerleme Şekeri ve Bal

Orta kasede un, mısır nişastası, şeker, kabartma tozu, tuz ve hindistan cevizini karıştırın.

2 su bardağı ölçü kabında süt, yumurta sarısı ve yağı karıştırın. Un karışımına dökün. İyice karıştırın. Hamur sert olacak. Yaban mersini karıştırın. Kenara koyun.

Karıştırıcı yüksek olan küçük bir kapta, sert tepeler oluşana kadar yumurta aklarını çırpın. Kauçuk spatula ile, iyice karışana kadar dövülmüş yumurta beyazlarının yarısını hamura yavaşça katlayın. Daha sonra kalan çırpılmış yumurta aklarını hamura katlayın,

Kızgın yağa, her seferinde birkaç yemek kaşığı dolusu börek dikkatlice ekleyin. 3-4 dakika, bir kez çevirerek veya börekler altın sarısı olana kadar kızartın.

6. Daldırma soslu mısır börekleri

Verim: 8 Porsiyon

Bileşen

- 2 büyük Yumurta; dövülmüş
- ¾ su bardağı Süt
- 1 çay kaşığı öğütülmüş kimyon ☐☐2 su bardağı Un
- Tatmak için biber ve tuz
- 2 su bardağı Mısır Çekirdeği
- 3 yemek kaşığı Maydanoz; doğranmış

-
-

Baharatlı Portakal Sosu

$\frac{1}{2}$ su bardağı portakal marmelatı

$1\frac{3}{8}$ su bardağı taze portakal suyu

- 1 yemek kaşığı Zencefil; rendelenmiş
- $\frac{1}{2}$ çay kaşığı Dijon tarzı hardal

Bir kapta yumurta ve sütü çırpın. Başka bir kapta unun üzerine kimyonu karıştırın. Tuz ve karabiberle güzelce tatlandırın

Yumurta karışımını bir çırpma teli ile unun içine yedirin. Mısır ve maydanozu karıştırın. Yağı 375 °C'ye ısıtın Mısır karışımını tavayı doldurmadan sıcak yağın içine bırakın. Altın kahverengi olana kadar bir kez çevirerek kızartın

Çıkarın ve kağıt havlu üzerinde süzün. Sos malzemelerini birleştirip servis yapın.

7. Karnaval börekleri

Verim: 18 Porsiyon

Bileşen

- 1 su bardağı Sıcak Su
- 8 yemek kaşığı Tuzsuz Tereyağı
- 1 yemek kaşığı Şeker
- ½ çay kaşığı Tuz
- 1 su bardağı Çok Amaçlı Un, Elenmiş
- 4 yumurta
- 1 çay kaşığı Taze Rendelenmiş Portakal Kabuğu

-
-
    1 çay kaşığı Taze Rendelenmiş Limon Kabuğu

    4 su bardağı Fıstık Yağı·
- şekerlemecilerin şekeri

Su, tereyağı, şeker ve tuzu küçük bir sos tenceresine alıp kaynatın. Tereyağı eriyince un eklenir. Bir çırpma teli ile kuvvetlice karıştırın

Her eklemeden sonra bir kaşıkla kuvvetlice döverek yumurtaları teker teker ekleyin. Rendelenmiş portakal ve limon kabuklarını ekleyin.

Derin bir tavada fıstık yağını 300 ° F'ye ısıtın.

Hamuru bir seferde 4 veya 5'ten fazla olmayacak şekilde sıcak yağa yemek kaşığıyla bırakın. Börekler kızarıp kabardığında, delikli bir kaşıkla alın, kağıt havluların üzerine boşaltın ve pudra şekeri serpin.

8. Armut salsalı Garbanzo börek

Verim: 1 Porsiyon

Bileşen

- 1½ su bardağı pişmiş garbanzos, süzülmüş
- 1 çay kaşığı Tuz
- 1 orta boy Idaho patatesi
- 1 küçük soğan, kaba rendelenmiş
- 1 yemek kaşığı Un
-
-

-
-
  - 2 çay kaşığı acı biber sosu

  - 3 Yumurta akı, hafifçe dövülmüş

  - 2 İtalyan erik domates

  - 2 Sert armut soyulmuş, özlü ve doğranmış

- 1 yemek kaşığı Taze limon suyu
- 6 büyük yeşil soğan, doğranmış
- 1 yemek kaşığı Jalapeno biberi
- 1 yemek kaşığı Sherry şarap sirkesi
- 1 çay kaşığı Bal

Orta boy bir kapta patates, soğan, un ve acı biber sosunu birleştirin. Karıştırmak için iyice karıştırın. Garbanzo fasulyesi ve yumurta akı ekleyin ve karıştırın.

Hamurun yuvarlak yemek kaşığını tavaya bırakın ve yayılmaları için yer bırakın. Orta hararetli ateşte altın sarısı olana kadar pişirin

Lezzetli Armut Salsa ile servis yapın

9. Kuskuslu nohut börek

Verim: 1 Porsiyon

Bileşen

- 7 ons Kuskus, pişmiş
- ½ küçük salatalık
- 2 Erik domates; (soyulmuş, çekirdeksiz, küp doğranmış)
- 1 kireç
- 6 Yeşil soğan; kesilmiş
-
-

-
-

    1 kutu (14 oz) nohut süzülmüş, durulanmış

    ½ çay kaşığı kişniş veya kişniş ve nane

    1 kırmızı biber; tohumlanmış ince doğranmış

    1 diş sarımsak

- Toz almak için sade un
- 5 ons FF yoğurt
- Tuz ve taze çekilmiş karabiber
- İsteğe göre pul biber/kimyon

Domatesleri, maydanozu kuskusun içine karıştırın. Limonu yarıya bölün ve suyunu sıkın. Taze soğanları ince ince doğrayın.

Kimyon, kişniş/kişniş, biber ve kişniş/kişniş yapraklarını ekleyin. Bir diş sarımsağı doğrayın ve ekleyin. Salatalığı bir kaseye koyun ve bol baharatlarla birlikte yoğurtlu naneyi ekleyip karıştırın. İyice karıştırın

Nohut karışımını 6 köfte haline getirin ve hafifçe un ile toz haline getirin. Tavaya ekleyin ve birkaç dakika pişirin.

10. Mısır ve biberli börek

Verim: 12 Börek

Bileşen

- $1\frac{1}{4}$ fincan Mısır, bütün çekirdek, taze veya dondurulmuş
- 1 su bardağı dolmalık biber, kırmızı; ince doğranmış
- 1 su bardağı yeşil soğan; ince doğranmış
- 1 çay kaşığı Jalapeno; ince kıyılmış
- 1 çay kaşığı öğütülmüş kimyon
-
-

-
-

1¼ su bardağı Un

2 çay kaşığı kabartma tozu

Tuz; tatmak

Biber, siyah; tatmak

- 1 su bardağı Süt
- 4 yemek kaşığı Yağ

Mısırı doğranmış biber, yeşil soğan ve acı biberle birlikte bir karıştırma kabına koyun. Kimyon, un, kabartma tozu, tuz ve karabiber serpin; karıştırmak için karıştırın. Sütü ekleyin ve iyice karışması için karıştırın.

Hamuru ¼ fincanlık gruplar halinde tavaya dökün ve her iki tarafta yaklaşık 2 dakika altın rengi kahverengi olana kadar pişirin.

11. Chanuka börekleri

Verim: 1 Porsiyon

Bileşen

- 2 Maya, aktif kuru zarflar Ilık su
- 2½ su bardağı Un; 3 Tuza kadar ağartılmamış
- 2 çay kaşığı anason tohumu
- 2 yemek kaşığı Zeytinyağı
- 1 su bardağı kuru üzüm; çekirdeksiz karanlık
- 1 su bardağı zeytinyağı kızartmak için
- 1½ su bardağı Bal

    2 yemek kaşığı Limon suyu

- Un, tuz ve anason tohumlarını bir kapta birleştirin. Yavaş yavaş eritilmiş mayayı ve 2 yemek kaşığı zeytinyağını ekleyin. Hamur pürüzsüz ve elastik olana kadar yoğurun

Kuru üzümleri çalışma yüzeyine yayın ve üzerlerine hamur yoğurun. Bir top haline getirin.

Yağı ısıtın ve elmasları birer birer çevirerek, her iki tarafı da altın rengi kahverengi olana kadar kızartın.

Balı 2 yemek kaşığı limon suyu ile bir tencerede ısıtın ve sadece 3 dakika kaynatın. Servis tabağına alıp üzerlerine sıcak bal gezdirin.

SEBZE BÖREKLERİ

12. Bamya börek

Verim: 1 Porsiyon

Bileşen

- 1 su bardağı elenmiş ağartılmamış un
- $1\frac{1}{2}$ çay kaşığı Kabartma tozu
- 2 çay kaşığı Tuz
- $\frac{1}{4}$ çay kaşığı öğütülmüş karabiber

-
- ¼ çay kaşığı rendelenmiş hindistan cevizi

    1 tutam Cayenne

- 2 su bardağı taze bamya - ince dilimlenmiş

Malzemeleri iyi birleştirin

Kaşıkla yağın içine atın. Altın rengi olana kadar, 3-5 dakika yüzene kadar pişirin ve sonra ters çevirin.

Kağıt havlulara boşaltın ve istenirse daldırma sosuyla sıcak servis yapın.

13. Fasulyeli börek

Verim: 24 Börek

Bileşen

- 1 su bardağı bezelye, kara gözlü
- 2 Biber, kırmızı, acı; tohumlanmış, doğranmış
- 2 çay kaşığı Tuz
- Yağ, sebze; kızartma için

Fasulyeleri bir gece önceden soğuk suda bekletin. Süzün, ovalayın ve kabuğunu atın, fasulyeleri tekrar soğuk suyla kaplayın ve 2-3 saat daha bekletin. Süzün, durulayın ve en iyi

- bıçağı kullanarak bir kıyma makinesinden geçirin veya elektrikli bir makinede azar azar azaltın.

karıştırıcı. Biberleri öğütün. Fasulyelere tuz ve biberleri ekleyin ve hafif ve kabarık olana ve hacimleri önemli ölçüde artana kadar bir tahta kaşıkla çırpın.

Yağı ağır bir tavada ısıtın ve karışımı her iki tarafta altın kahverengi olana kadar yemek kaşığı kadar kızartın. Kağıt havluların üzerine boşaltın. İçeceklerin yanında sıcak olarak servis yapın.

14. Zencefilli tatlı patates börekleri

Verim: 1 Porsiyon

Bileşen

- A; (1/2 pound) tatlı patates
- 1½ çay kaşığı kıyılmış soyulmuş taze zencefil
- 2 çay kaşığı Taze limon suyu
- ¼ çay kaşığı Kuru acı kırmızı pul biber
- ¼ çay kaşığı Tuz
- 1 büyük yumurta
- 5 yemek kaşığı Çok amaçlı un

- Derin kızartma için bitkisel yağ

Bir mutfak robotunda rendelenmiş tatlı patatesi zencefil, limon suyu, kırmızı pul biber ve tuzla birlikte ince ince doğrayın, yumurta ve unu ekleyin ve karışımı iyice karıştırın.

Büyük bir tencerede yağı $1\frac{1}{2}$ inç ısıtın ve tatlı patates karışımından yemek kaşığını altın rengi olana kadar yağın içine bırakın.

Börekleri boşaltmak için kağıt havlulara aktarın.

15. Patlıcanlı börek

Verim: 6 Porsiyon

Bileşen

- 2 Yumurta, çırpılmış
- tatmak için tuz
- 2 yemek kaşığı Süt
- 2 Patlıcan (patlıcan), ince dilimlenmiş
- Derin kızartma için sıvı yağ

Yumurta, tuz ve sütü karıştırarak bir hamur elde edin. daldırın Patlıcan dilimlerini hamurun içine koyun ve kaplanmış Patlıcan dilimlerini yağda orta ateşte eşit şekilde kahverengi olana kadar kızartın.

16. Enginar börek

Verim: 6 Porsiyon

Bileşen

- ½ pound enginar kalbi, pişmiş ve doğranmış
- 4 Yumurta, ayrılmış
- 1 çay kaşığı Kabartma tozu
- 3 Yeşil soğan, doğranmış
- 1 yemek kaşığı rendelenmiş limon kabuğu
- ½ su bardağı Un

Tatmak için biber ve tuz

- 1 yemek kaşığı Mısır nişastası
- 4 su bardağı Kızartma yağı, Fıstık veya mısır yağı

Enginar kalplerini geniş bir kaseye koyun ve yumurta sarısı ve kabartma tozunu karıştırın. Yeşil soğan ekleyin. Limon kabuğuna katlayın. Un, tuz ve karabiberle karıştırın. Ayrı bir kapta yumurta akı ve mısır nişastasını tepecikler oluşana kadar çırpın. Yumurta aklarını enginar karışımına katlayın.

Yarım dolar büyüklüğündeki hamur hamurunu bir yemek kaşığı ile yağın içine bırakın. Altın kahverengi olana kadar kızartın

Delikli bir kaşıkla börekleri çıkarın ve kağıt havluların üzerine boşaltın.

17. Ravent pazı börek

Verim: 1 Porsiyon

Bileşen

- 8 saplı ravent pazı
- 1 su bardağı Un
- ½ çay kaşığı Tuz
- ⅛ çay kaşığı pul biber
- 1 Yumurta, hafifçe dövülmüş
- 2 yemek kaşığı sıvı yağ veya eritilmiş tereyağı
- ⅔ su bardağı Süt

Derin kızartma için sıvı yağ

Un, tuz, kırmızı biber, yumurta, yağ veya tereyağı ve sütü karıştırın.

Kök parçalarını bu hamura batırarak üzerlerini iyice kapatın. 375 F'ye ısıtılmış derin yağda veya 1 inçlik bir küp ekmeği 1 dakikada kahverengileştirecek kadar sıcak olana kadar kızartın.

Ilık bir fırında kahverengi kağıt üzerine boşaltın

18. İncirli börek

Verim: 24 İncir

Bileşen

- 24 Sert olgun incir
- 2 Yumurta, ayrılmış
- $\frac{5}{8}$ su bardağı Süt
- 1 yemek kaşığı sıvı yağ 1 tutam Tuz

  rendelenmiş limon kabuğu
-
-
-

20½ ons Un

1 yemek kaşığı Şeker

kızartmalık yağ

Bir kapta yumurta sarılarını süt, yağ, tuz ve limon kabuğu ile çırpın. Un ve şekeri ekleyip güzelce karıştırın. Hamuru 2 saat soğutun.

Yumurta aklarını sertleşene kadar çırpın ve hamura yedirin. İncirleri hamura batırın ve derin, kızgın yağda altın rengi olana kadar kızartın.

Kısaca süzün ve şeker serpin. Kayısı, muz ve diğer meyveler de aynı şekilde hazırlanabilir.

-
-
-

19. Şalgam börekli karışık yeşillikler

Verim: 6 Porsiyon

Bileşen

- ¼ fincan tereyağı
- 1 su bardağı doğranmış soğan
- 1 su bardağı doğranmış yeşil soğan
- 2 Sap kereviz, doğranmış
- 2 yemek kaşığı İnce doğranmış zencefil
- 2 Diş sarımsak, ince doğranmış

1 yeşil üstleri ile bebek şalgam

10 su bardağı Su

2 Ekstra büyük tavuk bulyon küpleri

½ su bardağı kuru beyaz şarap veya su

- ¼ fincan Mısır nişastası
- 6 su bardağı dolu taze ıspanak yaprağı
- 1¼ çay kaşığı öğütülmüş karabiber
- ½ çay kaşığı Tuz
- ¼ su bardağı elenmemiş çok amaçlı un
- 1 büyük yumurta, hafifçe dövülmüş
- Kızartmak için bitkisel yağ

Yeşillikleri hazırlayın.

Soğutulmuş şalgamları kabaca rendeleyin. Rendelenmiş şalgamları, unu, yumurtayı ve kalan ¼ t biber ve tuzu birleştirin.

Bir çay kaşığı dolusu hamur karışımını tavaya ekleyin ve her iki tarafı da kahverengi olana kadar çevirerek kızartın.

-
-
-

-
-

20. Tatlı kabak börek

Verim: 2 Porsiyon

Bileşen

- 2 yumurta
- ⅔ su bardağı az yağlı süzme peynir
- 2 dilim Beyaz veya WW ekmeği ufalanmış
- 6 çay kaşığı şeker
-   1 tutam tuz

- ½ çay kaşığı Kabartma tozu
- 2 çay kaşığı Bitkisel yağ
- 1 çay kaşığı Vanilya özü
- ½ çay kaşığı öğütülmüş tarçın
- ¼ çay kaşığı Yer fıstığı
- ⅛ çay kaşığı öğütülmüş yenibahar
- 2 yemek kaşığı kuru üzüm
- 1 su bardağı Son olarak soyulmamış rendelenmiş kabak

Kuru üzüm ve kabak hariç tüm malzemeleri birleştirin. Pürüzsüz olana kadar karıştır. Karışımı bir kaseye dökün. Kabak ve kuru üzümleri yumurta karışımına karıştırın.

Yapışmaz bir tavayı veya ızgarayı orta yüksek ateşte önceden ısıtın. 4 inçlik kekler yaparak, büyük bir kaşıkla kalbur üzerine meyilli bırakın. Kenarlar kuru göründüğünde börekleri dikkatlice çevirin.

21. Pırasalı börek

Verim: 4 Porsiyon

Bileşen

- 4 su bardağı doğranmış pırasa; (yaklaşık 2 pound)
- 1 yemek kaşığı Bitkisel yağ
- 1 yemek kaşığı Tereyağı
- 2 su bardağı kıyılmış kuzukulağı
- 2 yumurta

  ¼ su bardağı Un

- ¼ çay kaşığı Kuru limon kabuğu
- ¼ çay kaşığı Tatlı Köri Tozu
- ¼ çay kaşığı beyaz biber
- ½ çay kaşığı Tuz
- Ekşi krema

Pırasaları sıvı yağ ve tereyağında kızarana kadar yaklaşık 7 dakika soteleyin.

Kuzukulağı ekleyin ve soluncaya kadar 7 dakika daha pişirin. Soğuyunca yumurta, un ve baharatları çırpın. Pırasalara ekleyin.

Bir sote tavasında, yaklaşık ¼ fincan bitkisel yağ ısıtın. 2-½ "-3" gözleme yapmak için yeterli pırasa karışımında kepçe. İlk yüzünü 2-3 dakika, hafifçe kızarana kadar çevirin ve ikinci yüzünü yaklaşık 2 dakika pişirin.

Kağıt havluların üzerine alıp servis yapın.

-
-
-

22. Mercimek börek ve pancar sosu

Verim: 4 Porsiyon

Bileşen

- ¼ pound Kırmızı mercimek; pişmiş
- 1 yemek kaşığı kıyılmış taze dereotu
- 1 çay kaşığı kırmızı biber
- ½ çay kaşığı Tuz
- ¾ pound Kırmızı patates; soyulmuş

    Zeytin yağı; kızartma için

- ¼ pound Pancar yeşillikleri; saplar kaldırıldı
- 1 yemek kaşığı Balzamik sirke
- ½ çay kaşığı taş öğütülmüş hardal
- ½ çay kaşığı kapari
- Tuz
- Taze çekilmiş karabiber
- 3 yemek kaşığı Sızma zeytinyağı

Mercimek püresini bir kaseye koyun, dereotu, kırmızı biber ve ½ çay kaşığı tuzu karıştırın. Patatesleri kaseye rendeleyin ve karıştırmak için karıştırın.

Mercimek karışımını yarım dolar büyüklüğünde börek haline getirin ve kızarana kadar ince bir yağ tabakasında kızartın.

Sos: Sirke, hardal, kapari, tuz ve karabiberi küçük bir kaseye koyun. Zeytinyağını karışana kadar çırpın. Pancar yeşilliklerini tuzlu suda soluncaya kadar kaynatın. Servis

-
-
-

23. Patlıcanlı börek

Verim: 4 Porsiyon

Bileşen

- 1 küçük patlıcan
- 1 çay kaşığı Sirke
- 1 yumurta
- ¼ çay kaşığı Tuz
- 3 yemek kaşığı Un
- ½ çay kaşığı Kabartma tozu

Patlıcanı soyup dilimleyin. Kaynar, tuzlu suda yumuşayana kadar pişirin.
Sirke ekleyin ve rengin solmasını önlemek için bir dakika bekletin.

Patlıcanları süzün ve püre haline getirin. Diğer malzemeleri çırpın ve kaşıktan sıcak yağa bırakın, börekleri eşit şekilde kızarmaları için çevirin.
Kağıt havluların üzerine iyice süzün ve sıcak tutun.

İnce doğranmış soğan, maydanoz vb. ilave edilebilir.

24. Körili havuçlu börek

Verim: 1 Porsiyon

Bileşen

- ½ su bardağı Un
- 1 Yumurta, hafifçe dövülmüş
- 1 çay kaşığı köri tozu
- ½ kilo havuç
- ¼ çay kaşığı Tuz
- ½ fincan Düz bira
- 1 Yumurta beyazı

Un, tuz, yumurta, 1 yemek kaşığı bitkisel yağ ve birayı pürüzsüz bir hamur elde etmek için karıştırın.

Köri tozuyla karıştırın. Yumurta beyazını sertleşene kadar çırpın ve hamur haline getirin. Havuçları hafifçe katlayın.

375 derecelik bitkisel yağa büyük kaşık dolusu karışım damlatın ve her iki tarafta yaklaşık bir dakika pişirin.

25. Kızarmış bezelye börek

Verim: 4 Porsiyon

Bileşen

- 2 su bardağı Tarla bezelye (pişmiş)
- 1 su bardağı Un
- 2 çay kaşığı kabartma tozu
- 1 çay kaşığı Biber
- ½ çay kaşığı Tuz

- 1 yemek kaşığı köri tozu
- 2 yumurta

- 1½ su bardağı Süt

Tüm kuru malzemeleri karıştırın. Yumurta ve sütü çırpın. Un karışımına ekleyin. Haşlanmış bezelyeleri hafifçe karıştırın.

Kaşıktan ¾ inç sıcak yağa bırakın. Açık kahverengi olana kadar kızartın.

4-5 kişilik

26. İçi doldurulmuş patates börekleri

Verim: 1 Porsiyon

Bileşen

- ¼ su bardağı Mısır yağı
- 3 orta boy (1-1 / 2 bardak) soğan; doğranmış
- 1 kilo dana kıyma
- 1 çay kaşığı Tuz
- ½ çay kaşığı Biber
- 3 pound Patates; pişmiş ve püresi

- 1 yumurta; dövülmüş
- 1 çay kaşığı Tuz; ya da tatmak
- ½ çay kaşığı öğütülmüş tarçın
- ½ çay kaşığı Biber
- 1 su bardağı Matzoh yemeği

Yağı bir tavada ısıtın ve soğanları orta ateşte altın rengi olana kadar kızartın. Sığır eti, tuz ve karabiber ekleyin ve karışım kuruyana ve tüm sıvı buharlaşana kadar karıştırarak kızartın. Patates püresi ekleyin.

Yarım su bardağı patates hamurunu avucunuzun içinde yuvarlak şekil verin. Ortasına 1 adet cömert iç harcı koyun ve hamuru hafifçe yassılaştırılmış sosis şeklinde katlayın.

Orta ateşte yağda iki tarafı da kızarana kadar kızartın.

27. Mantarlı börek

Verim: 6 Porsiyon

Bileşen

- 1 fincan çok amaçlı un
- 1 12 oz kutu bira
- 1½ çay kaşığı Tuz
- ¼ çay kaşığı Karabiber
- 1 çay kaşığı kırmızı biber
- 1 kilo mantar
- Limon suyu

- Tuz
- 4 su bardağı Kızartmak için sıvı yağ

Mantar, tuz ve limon hariç hepsini pürüzsüz olana kadar karıştırarak meyilli hazırlayın.

Mantarları biraz limon suyu ve tuz serpin.

Bir mantarı hamurun içine batırın ve altın rengi olana kadar kızgın yağa bırakın. Önceden pişirilmiş mantarları, emici kağıt serilmiş bir tabaka üzerinde düşük bir fırında tutun.

28. Soğan bhajiyası / soğanlı börek

Verim: 6 Porsiyon

Bileşen

- 1½ su bardağı mercimek veya nohut unu
- 1 çay kaşığı Tuz veya tadı
- 1 tutam kabartma tozu
- 1 yemek kaşığı Zemin pirinç
- Bir tutam kimyon/biber tozu/kişniş
- 1 ila 2 adet taze yeşil biber

- 2 büyük Soğan, halka halka doğranmış ve ayrılmış
- Derin kızartma için sıvı yağ

Unu eleyin ve tuz, kabartma tozu, pirinç unu, kimyon, kişniş, pul biber ve yeşil biberi ekleyin; iyice karıştırın. Şimdi soğanları ekleyin ve iyice karıştırın.

Yavaş yavaş su ekleyin ve yumuşak, kalın bir hamur oluşana kadar karıştırmaya devam edin.

Yağı ısıtın ve börekleri hafifçe kızartın, böylece ortadaki meyilli yumuşak kalırken dışı altın kahverengi ve gevrek olur. Bu, her parti için yaklaşık 12 ila 12 dakika sürmelidir.

Börekleri kağıt havluların üzerine boşaltın.

29. Pakora

Verim: 12 Porsiyon

Bileşen

- 1 su bardağı Nohut unu
- ½ su bardağı Ağartılmamış çok amaçlı un
- ½ çay kaşığı kabartma tozu
- ¾ çay kaşığı krem tartar
- ¼ çay kaşığı Deniz tuzu
- 1 çay kaşığı kimyon tozu ve kişniş tozu
- 1 çay kaşığı Zerdeçal ve Acı biber

-
-
- 2 yemek kaşığı Limon suyu

    1 su bardağı dilimlenmiş patates

- 1 su bardağı karnabahar çiçeği
- 1 su bardağı doğranmış dolmalık biber

Unları, kabartma tozunu, tartar kremasını, tuzu ve baharatları karıştırın.

Ağır krema kıvamında pürüzsüz bir meyilli yapmak için su ve limon suyunu yavaş yavaş çırpın. Kenara koyun.

Kaplamak için sebzeleri hamura batırın. Sıcak yağa daldırın, altın kahverengi olana kadar yaklaşık 5 dakika eşit şekilde pişirin. Oluklu bir kaşıkla çıkarın ve emici kağıt üzerine boşaltın.

30. Yaban havucu ve havuçlu börek

Verim: 4 Porsiyon

Bileşen

- 225 gram Yaban havucu; rendelenmiş
- 2 orta boy Havuç; rendelenmiş
- 1 Soğan; rendelenmiş
- 3 yemek kaşığı Taze doğranmış frenk soğanı
- Tuz ve taze çekilmiş karabiber
- 2 orta boy Yumurta
- ½ paket Domuz Sosis

- 100 gram Güçlü Cheddar peyniri
- 40 gram sade un
- 2 yemek kaşığı Taze kıyılmış maydanoz

Yaban havucu, havuç, soğan, frenk soğanı, baharat ve bir yumurtayı iyice karışana kadar karıştırın. Dörde bölün, pürüzlü krepler haline getirin.

Büyük bir kızartma tavasını ısıtın ve sosisleri ara sıra altın rengi olana kadar çevirerek 10 dakika pişirin.

Bu arada, krepleri tavaya ekleyin ve altın rengi olana kadar her iki tarafta 3'er dakika kızartın.

Sert bir macun oluşturmak için kalan malzemeleri karıştırın ve büyük bir kütük şeklinde yuvarlayın. Dörde bölün. Sosisleri doğrayın ve böreklerin arasına bölün. Her birinin üzerine peynir dilimi koyun.

Önceden ısıtılmış ızgaranın altına koyun ve köpürene ve eriyene kadar 5-8 dakika pişirin. Frenk soğanı ve chutney ile süslenmiş hemen servis yapın.

31. Pomme frites/patatinli börek

Verim: 4 Porsiyon

Bileşen

- 1 pound Russet patates
- 4 litre sızma zeytinyağı
- Tuz ve biber

Patatesleri parmak büyüklüğünde eşit büyüklükte dilimler halinde kesin ve yeni soğuk suya koyun.

Yağı bir tencerede 385 F'ye ısıtın, yağ hacminin iki katı

Patatesleri birer birer ekleyin ve altın kahverengi olana kadar pişirin. Kağıt üzerine alıp süzün, tuz ve karabiber serpin ve

mayonez ile servis yapın

32.Patates ve cevizli börek

Verim: 4 Porsiyon

Bileşen

- 2 Haşlanmış patates
- Tuz
- 2 büyük Yumurta
- ½ su bardağı dövülmüş ceviz
- Taze kara biber
- 5 su bardağı sıvı yağ, kızartmak için

360 dereceye kadar derin kızartma için yağı ısıtın

Karışımdan börek yapın ama yağda bekletmeyin. 23 dakika veya her tarafı altın kahverengi olana kadar kızartın.

Kağıt havlu serilmiş tepsiye aktarın.

33. Kabak börek

Verim: 1 Porsiyon

Bileşen

- 4 su bardağı Pişmiş kabak püresi
- 2 yumurta
- 1 su bardağı Un
- 1 tutam Tuz
- 1 çay kaşığı Kabartma tozu
- 2 yemek kaşığı tepeleme şeker
-
-

250 mililitre Şeker

500 mililitre Su

- 500 mililitre Süt

- 30 mililitre Margarin

- 20 mililitre Su ile karıştırılmış mısır nişastası

Tüm malzemeleri karıştırarak yumuşak bir hamur elde edin ve sıvı yağda iki tarafı hafif pembeleşinceye kadar kızartın.

Kağıt üzerine boşaltın ve tarçınlı şeker veya karamel sos ile sıcak servis yapın.

34. Ispanaklı börek

Verim: 4 Porsiyon

Bileşen

- 1 pound Taze ıspanak veya diğer
- Seçeceğiniz sebze
- 3 büyük Yumurta
- 2 yemek kaşığı Süt
- 1 çay kaşığı Tuz
-
-

½ çay kaşığı Biber

2 yemek kaşığı kıyılmış soğan

- 1 yemek kaşığı kıyılmış kereviz
- 1 yemek kaşığı Un
- Yemeklik yağ

Ispanağı güzelce yıkayıp süzün ve ince ince kıyın.

Yumurtaları ayırın ve beyazları yumuşak tepeler olana kadar çırpın.

Yumurta sarılarını süt, tuz, karabiber, soğan, kereviz ve un ile birleştirin. Çırpılmış yumurta akı ve ıspanağı ekleyerek iyice karıştırın.

8 adet 3 inçlik köfte şekli verin ve kızarana kadar yemeklik yağda kızartın.

35. Derin yağda kızartılmış tofu börekleri

Verim: 4 Porsiyon

Bileşen

- 50 gram Kendiliğinden kabaran un
- Tuz ve taze çekilmiş karabiber
- Kızartmak için bitkisel yağ
- 285 gr tofu; parçalar halinde kesmek
- 2 yemek kaşığı pudra şekeri
- 2 yemek kaşığı kırmızı şarap sirkesi
-
-

300 gram karışık çilek

2 Arpacık; ince doğranmış

Salsa yap. Sirke ve şekeri bir tencereye koyun ve şekeri eritmek için hafifçe ısıtın. Çilekleri ve arpacıkları ekleyin ve yumuşayana kadar 10 dakika hafifçe haşlayın. soğumaya bırakın.

Hamuru hazırlayın, unu bir kaseye koyun ve yavaş yavaş suyla çırpın.

Yağı sıcak olana kadar derin bir tavada ısıtın. Tofuyu meyilli batırın ve meyilli gevrek olana kadar 1-2 dakika derin kızartın.

36. Domatesli börek

Verim: 16 Porsiyon

Bileşen

- 1⅓ fincan Erik domates, çekirdeksiz, doğranmış
- ⅔ su bardağı Kabak, ince doğranmış
- ½ su bardağı Soğan, ince doğranmış
- 2 yemek kaşığı nane yaprağı, doğranmış
-
-

- ½ su bardağı Çok amaçlı un

  ¾ çay kaşığı Kabartma tozu

  ½ çay kaşığı Tuz
- ½ çay kaşığı Biber
- Tutam tarçın
- Kızartmak için zeytinyağı

Küçük bir kapta doğranmış domatesleri, kabakları, soğanı ve naneyi birleştirin

Orta boy bir kapta un, kabartma tozu, tuz & karabiber ve tarçını birleştirin. Sebzeleri kuru malzemelerle karıştırın.

Zeytinyağını büyük bir yapışmaz tavada ısıtın ve hamuru yuvarlak yemek kaşığı dolusu yağa bırakın. Altın kahverengi olana kadar pişirin, her tarafta yaklaşık 2 dakika.

Kağıt havluların üzerine alıp sıcak servis yapın.

MEYVE BÖREKLERİ

37. Hollandalı elmalı börek

Verim: 4 Porsiyon

Bileşen

- 8 büyük elma soyulmuş, özlü
- 2 su bardağı çok amaçlı un, elenmiş
- 12 ons Ale
- ½ çay kaşığı Tuz
- Yağ, domuz yağı veya katı yağ
-

şekerlemelerin şekeri

Soyulmuş ve çekirdekleri çıkarılmış elmaları dilimleyin veya yarım inç kalınlığında halkalar halinde kesin.

Bira, un ve tuzu çırpma teli ile pürüzsüz hale gelene kadar karıştırın ve elma dilimlerini karışıma batırın.

370°'lik kızartma sıcaklığında derin yağda veya 1 inç sıvı yağda ağır tavada kızartın. Boşaltmak

38. Elmalı-portakallı börek

Verim: 18 Porsiyon

Bileşen

- 1 su bardağı Süt
- 1 Portakal, kabuğu ve suyu
- 1 Yumurta, çırpılmış
- 1 su bardağı Elma, iri doğranmış
- 4 yemek kaşığı Margarin

- 3 su bardağı Kek unu
- ¼ su bardağı şeker
- 2 çay kaşığı kabartma tozu
- ½ çay kaşığı Tuz
- 1 çay kaşığı vanilya

Yumurtayı çırpın. Bir karıştırma kabında süt, yumurta ve eritilmiş margarini karıştırın. Portakal suyunu, kabuğunu, doğranmış elmaları ve vanilyayı ekleyin.

Un, tuz, kabartma tozunu birlikte eleyin. Süt karışımına bir kaşıkla karışana kadar karıştırın.

Yağı bir tavada 350°'ye ısıtın. Yemek kaşığının ucunu kızgın yağa bırakın. Altın kahverengi olana kadar kızartın. Eşit şekilde kızarmaları için çevirin. soğumaya bırakın.

39. Tempura hamurunda muzlu börek

Verim: 1 Porsiyon

Bileşen

- 5 Muz
- Muzları taramak için un
- Derin kızartma için bitkisel yağ
- 1 yumurta
- 125 mililitre Elenmiş un
- 1/2 çay kaşığı. karbonat
- Bal

Hamur malzemelerini bir çırpma teli ile biraz köpürene kadar karıştırın.

Muzları 1 inç / 2½ cm'lik parçalar halinde kesin. Hafifçe kaplanana kadar un içinde yuvarlayın.

Birkaç muz parçasını hamura batırın ve altın rengi olana kadar kızartın. Kağıt havluların üzerine boşaltın. Hepsi bitene kadar küçük partiler halinde yapın.

Balı sıvı ve sıcak olana kadar tencerede ısıtın; bunu muzların üzerine dökün.

40. Kayısı börek

Verim: 8 Porsiyon

Bileşen

- 12 küçük Kayısı
- 12 Bütün badem
- 2 yemek kaşığı Beyaz rom
- ½ su bardağı Ağartılmamış çok amaçlı un
- ½ su bardağı Mısır nişastası
- 3 yemek kaşığı Şeker
- ½ çay kaşığı Tuz

- ½ çay kaşığı Tarçın

-
- ½ çay kaşığı Kabartma tozu
- ½ su bardağı Su; artı
- 1 yemek kaşığı Su
- 3 yemek kaşığı eritilmiş tereyağı
- 1½ litre Bitkisel yağ; kızartma için
- şekerlemelerin şekeri

Kayısıları bir kaseye koyun ve yarıklara rom serpin.

Hamuru için kuru malzemeleri bir kapta karıştırıp önce su ardından eritilmiş tereyağını ekleyip çırpın.

Kayısıları bir çatalla koyu altın rengi alana ve kayısılar pişene kadar hamurun içine daldırın.

41. Benya muzlu börek

Verim: 1 Porsiyon

Bileşen

- 1 Paket maya
- 1 su bardağı Sıcak su
- Şeker
- 10 Çok yumuşak muz
- 3 yemek kaşığı Tarçın
- 2 yemek kaşığı Hindistan cevizi

-
- 2½ kilo Un

- 1½ kilo şeker

  rendelenmiş portakal kabuğu

- ¼ çay kaşığı Tuz

Sıcak suya mayayı ekleyin ve biraz şeker serpin. Örtün ve yükselmeye başlamak için bekletin.

Muzları büyük bir karıştırma kabında maya ile iyice ezin. Tarçın, hindistan cevizi, un, şeker, rendelenmiş portakal kabuğu ve tuzu ekleyin. İyice karıştırın ve bir gece bekletin. Karışım artacak ve miktar olarak üç katına çıkacaktır.

Kaşıkla derin yağda bırakın; kahverengi olana kadar kızartın. İster sıcak ister soğuk servis yapın

42. Langoustine ve muzlu börek

Verim: 1 Porsiyon

Bileşen

- 4 tombul kerevit
- 1 Muz
- 8 ons Mısır unu
- 8 ons Sade un
- 1 ons kabartma tozu
- $3\frac{1}{2}$ yemek kaşığı Domates ketçap

- ¼ pint Sirke

    Tuz ve biber

Mısır unu, un, tuz ve karabiberi bir karıştırma kabına alın. Ketçap ve sirkeyi ekleyin ve pürüzsüz bir macun elde edene kadar çırpın. Kabartma tozunu ekleyin.

Bir tavayı veya elektrikli fritözü 175-180C'ye ısıtın.

Langoustine'leri soyun ve bağırsakları temizleyin. Langoustines'i ayırın ve ortasına bir parça muz yerleştirin. Bir kokteyl çubuğu ile sabitleyin. Hamura batırın ve derin kızartın.

43. Konserve şeftalili börek

Verim: 4 -5 porsiyon

Bileşen

- 1 kutu (29 oz) dilimlenmiş şeftali
- Ölçmeden ÖNCE 1 su bardağı elenmiş un
- ½ çay kaşığı Tuz
- 1 çay kaşığı Kabartma tozu
- 2 yumurta; dövülmüş

-
- 1 yemek kaşığı eritilmiş katı yağ

    ½ su bardağı Tam yağlı süt

    Sebze yağı

Şeftalileri boşaltın ve hafifçe un serpin. Unu tuz ve kabartma tozu ile eleyin. İyice dövülmüş yumurtaları, eritilmiş katı yağı ve sütü ekleyin. İyice karıştırın.

Uzun saplı bir çatalla meyveleri hamura batırın. Fazla hamurun boşalmasına izin verin.

Meyveleri kızgın yağa (375) indirin ve 2-3 dakika veya açık kahverengi olana kadar kızartın.

Kağıt havluların üzerine boşaltın. Pudra şekeri serpin.

44. Karayip ananaslı börek

Verim: 1 Porsiyon

Bileşen

- 2 su bardağı Taze ananas; parçalar halinde kesmek
- 1 Habanero şili biberi; tohumlanmış ve kıyılmış
- 5 Frenk soğanı; ince kıyılmış
- 1 Soğan; kıyılmış
- 2 diş sarımsak; püresi ve kıyılmış

    8 Yeşil soğan; kıyılmış

-
- ½ çay kaşığı Zerdeçal

  1¼ su bardağı Un

- ½ su bardağı Süt; yada daha fazla
- ½ su bardağı Bitkisel yağ; kızartma için
- 2 yumurta; dövülmüş
- Tuz ve biber
- ananas halkaları; Garnitür için

İlk yedi malzemeyi karıştırın; bir kenara koyun.

Un, süt, yumurta, tuz ve karabiberi birleştirin ve elektrikli karıştırıcı ile iyice çırpın. 4 saat sonra meyveleri hamurla birleştirin.

Bitkisel yağı derin bir tavada ısıtın. Hamuru kaşıkla dökün ve yaklaşık 5 dakika veya altın kahverengi olana kadar kızartın.

Börekleri çıkarın ve kağıt havluların üzerine boşaltın. soğuk servis yapın

45. Mürver börek

Verim: 4 Porsiyon

Bileşen

- 200 gram Un (1 3/4 su bardağı)
- 2 yumurta
- $\frac{1}{8}$ litre Süt (1/2 su bardağı artı 1/2 yemek kaşığı)
- Küçük tutam tuz
- 16 Mürver çiçeği, saplı
- Toz almak için şeker

-
- 750 gram Domuz yağı veya kızartma için kısaltma

-
-

Bir çırpma teli ile un, yumurta, tuz ve sütü krep hamuruna karıştırın. Mürver çiçeklerini birkaç kez durulayın ve ardından kağıt havluyla kurulayın.

Çiçekleri kısaca hamura daldırın ve ardından altın kahverengi olana kadar kızartın. Toz şeker serpin ve servis yapın.

46. Meyve ve sebze börekleri

Verim: 1 Porsiyon

Bileşen

- 1 fincan çok amaçlı un
- 1 çay kaşığı Kabartma tozu
- 14 çay kaşığı Tuz
- 2 büyük Yumurta
- 2 çay kaşığı Şeker
- ⅔ su bardağı Süt
- 1 çay kaşığı Salata yağı

-
-
- ½ çay kaşığı Limon suyu

    Karışık meyve

    Karışık sebze

Un, kabartma tozu ve tuzu birlikte eleyin. Yumurtaları hafif ve kabarık olana kadar çırpın. Şeker, süt, yağ ve limon suyu ekleyin; un karışımını ekleyin ve sadece nemlendirmeye yetecek kadar karıştırın. Meyveli börek yaparken una bir tutam tarçın ekleyin.

MEYVELER: Elmalar: Kabuklarını soyun, çekirdeklerini çıkarın ve ½ inçlik dilimler halinde kesin. Muz: Parçalara ayırın ve limon suyu ve şeker serpin. Konserve şeftali, ananas vb. süzerek kullanın; Hamura daldırmadan önce çok hafif un serpin.

SEBZELER: Kızartma süresini yaklaşık olarak aynı tutmak için eşit büyüklükte parçalar halinde kesin.

Yağı derin bir tavada ısıtın ve börekleri hafifçe kızarana kadar pişirin, ardından kağıt havluların üzerine boşaltın.

47. Limon-bourbon soslu meyveli börek

Verim: 32 Porsiyon

Bileşen

- ¾ fincan Un, çok amaçlı
- ½ çay kaşığı Kabartma tozu
- 1 Yumurta, çırpılmış
- 1 yemek kaşığı Tereyağı veya margarin, eritilmiş
- ⅓ su bardağı şeker

    1 yemek kaşığı mısır nişastası

-
-
  ½ su bardağı Su

  2 yemek kaşığı Tereyağı veya margarin

  1 çay kaşığı vanilya

  4 Elma, 4 Armut, 4 Muz
- ¼ fincan Burbon
- Limon kabuğu ve 4 çay kaşığı limon suyu

Un, şeker ve kabartma tozunu birlikte eleyin.

Yumurta, su, tereyağı ve vanilyayı birleştirin; sadece karışana kadar kuru malzemelere karıştırın.

Meyve dilimini hamura batırın; kızgın yağa atıp iki tarafı da altın rengi olana kadar kızartın.

LİMON-BURBON SOS: Küçük bir tencerede şeker ve mısır nişastasını birleştirin; suda karıştırın. Karışım kaynayıp koyulaşana kadar sürekli karıştırarak pişirin. Tereyağıyla karıştırın. Burbon, limon kabuğu ve suyu ekleyin; iyice karıştırın.

48. Kuzey casus elmalı börek

Verim: 15 Porsiyon

Bileşen

- ½ su bardağı Sarı mısır unu
- ½ su bardağı Çok amaçlı un
- 2 yemek kaşığı Kabartma tozu
- 6 yemek kaşığı şeker
- 1 tutam tuz

-
-
-

-
- 1 yumurta

  ½ su bardağı Süt

  1½ su bardağı kızartmak için sıvı yağ

  1 Kuzey Spy elma, soyulmuş

  2 yemek kaşığı Bitkisel yağ
- Süslemek için pudra şekeri

Şekerlemelerin şekeri hariç tüm kuru malzemeleri birleştirin

Eklemeler arasında karıştırarak sıvı malzemeleri (1½ bardak yağ hariç) birer birer ekleyin. Elma ile karıştırın. Hamuru 10 dakika bekletin.

Yağı çıtırdayana kadar ısıtın, sigara içme noktasına kadar değil. Hamuru yağın içine bırakın ve altın rengi olduğunda bir kağıt havlu üzerine çıkarın.

Üzerine pudra şekeri serpip servis yapın.

49. Ananaslı muzlu börek

Verim: 1 Porsiyon

Bileşen

- 1⅓ fincan Çok amaçlı un
- 1½ çay kaşığı Çift etkili kabartma tozu
- 3 yemek kaşığı Toz şeker
- 1 çay kaşığı öğütülmüş zencefil
-
-
-

-
-
    ¾ su bardağı Doğranmış taze ananas; boşaltılmış

    ¾ su bardağı doğranmış muz

    ½ su bardağı Süt

    1 büyük yumurta; hafifçe dövülmüş

    Derin kızartma için bitkisel yağ
- tozunu almak için şekerlemelerin şekeri

Un, kabartma tozu, toz şeker, zencefil ve bir tutam tuzu birlikte eleyin.

Bir kapta ananas, muz, süt ve yumurtayı iyice karıştırın, un karışımını ekleyin ve hamur birleşene kadar karıştırın.

Hamuru yemek kaşığı dolusu parçalar halinde yağın içine bırakın ve börekleri çevirerek 1 ila 1 ½ dakika veya altın rengi olana kadar kızartın.

Börekleri delikli kepçeyle kağıt havluya alıp üzerlerine şekerlemelerin şekerini eleyin.

-
-

50. Haşlanmış armut börek

Verim: 1 Porsiyon

Bileşen

- 1 Tarif Geleneksel Ayran Bisküvi
- Sebze yağı
- 1 Şişe bağlantı noktası

-
-

1 su bardağı

1 tarçın çubuğu

- 3 bütün karanfil

½ çay kaşığı Hindistan cevizi

1 çimdik topuz

4 Armut; soyulmuş

Malzemeleri bir tencereye koyun ve armutları ilave ederek kaynatın. Armutlar hafifçe haşlanana kadar 15 ila 20 dakika kaynatın.

Soğuduktan sonra armutları çıkarın ve sıvıları süzün, tekrar tencereye koyun ve kaynatın. Yarıya indirip ateşten alın. Armutları dörde bölün, çekirdeklerini çıkarın.

Hamuru, armut genişliğinin iki katı uzunluğunda ve $\frac{1}{8}$- $\frac{1}{4}$-inç kalınlığında alabildiğiniz kadar yuvarlayın. Armutları hamurun üzerine yerleştirin, hamuru üstüne katlayın ve bir pasta çarkı ile kesin. Hamur ve armutlar kullanılana kadar tekrarlayın.

Bisküvi pişirin.

DENİZ ÜRÜNLERİ
-
-
-

51. Yayın balığı börek

Verim: 8 Porsiyon

Bileşen

- 1½ fincan Un, çok amaçlı
- 1 çay kaşığı Tuz karabiber
- 2 orta boy Yumurta
- 3 yemek kaşığı Tereyağı, tuzsuz; erimiş, soğutulmuş
- 1 su bardağı Süt, bütün

- ½ kilo Tuzlu morina balığı
- 1 adet Biber, sıcak; tohumlanmış

    2 adet Taze Soğan; ince kıyılmış

    1 diş sarımsak; ezilmiş
- 1 yemek kaşığı Maydanoz; doğranmış
- ½ çay kaşığı kekik
- 1 adet yenibahar meyvesi; zemin

Un ve tuzu kaseye eleyin. Yumurtaları tereyağı ile çırpın ve un karışımına ekleyin. Sütü azar azar ekleyin, sadece karıştırmak için karıştırın. Hamur çok katıysa daha fazla süt ekleyin.

Acı biber ile havanda balık pound

Tat vermek için yeşil soğan, sarımsak, maydanoz, kekik, yenibahar ve karabiber ekleyin. Hamurun içine karıştırın

Yağı ısıtın ve yemek kaşığını yığarak karışımı altın kahverengi olana kadar kızartın.

52. Morina balığı börek

Verim: 14 börek

Bileşen

- ½ pound Kurutulmuş tuzlu morina, pişmiş ve kıyılmış
- Derin yağda kızartma için bitkisel yağ
- 1½ su bardağı elenmemiş çok amaçlı un
- ½ çay kaşığı Kabartma tozu
- ½ çay kaşığı kırık karabiber
- ¼ çay kaşığı Tuz

- 2 büyük yumurta akı

    2 Diş sarımsak, ezilmiş

    2 yemek kaşığı doğranmış taze kişniş yaprağı

Büyük bir kapta un, kabartma tozu, kırık karabiber ve tuzu birleştirin.

Küçük bir kapta, yumurta aklarını köpürene kadar çırpın-bir hamur oluşturmak için çırpılmış yumurta akı ve un karışımına su ekleyin. Rendelenmiş morina balığı, sarımsak ve doğranmış taze kişniş yapraklarını ekleyin; iyice birleştirilene kadar karıştırın.

Gruplar halinde, yığın yemek kaşığı meyilli sıcak yağa bırakın ve 12 dakika kızartın.

Kağıt havluların üzerine süzün ve servis tabağında sıcak olarak servis yapın; kişniş ile süsleyin.

53. Balık ve yengeç eti börekleri

Verim: 1 Porsiyon

Bileşen

- 12 ons Taze veya dondurulmuş morina
- 6 ons İmitasyon yengeç eti
- 2 yumurta; dövülmüş
- 1/2 su bardağı un
- 1 Yeşil soğan; ince doğranmış
- ½ çay kaşığı ince rendelenmiş limon kabuğu

- 1 çay kaşığı Limon suyu
- 1 diş sarımsak; ezilmiş

    ¼ çay kaşığı Tuz

    ½ çay kaşığı Biber
- Yemeklik yağ

Bir blender kabında veya mutfak robotu kasesinde balık yengeç, yumurta, un, soğan, limon kabuğu, limon suyu, sarımsak, tuz ve biberi birleştirin. Örtün ve pürüzsüz olana kadar karıştırın.

Hafifçe yağ tavası ve ısı

Yaklaşık ¼ fincan meyilli tavaya dökün ve 3 inç çapında bir köfteye yayın

Her tarafta 3 dakika veya altın rengi olana kadar pişirin.

54.cape morina deniz tarağı ve mısır börek

Verim: 1 Porsiyon

Bileşen

- 2 Yumurta, iyi dövülmüş
- ¼ bardak Clam sıvısı
- ¼ su bardağı Süt
- 1 yemek kaşığı Yağ
- 1½ su bardağı Un

- 1 çay kaşığı Kabartma tozu Tat vermek için tuz
- 1 su bardağı iyi süzülmüş çekirdek mısır

- ½ fincan İyi süzülmüş kıyılmış istiridye

Yumurtaları çırp; süt, midye sıvısı, yağ ekleyin ve iyice karışana kadar çırpın.

Un, kabartma tozu ve tuzu karıştırın. İyice karışana kadar çırpın. Mısır ve midyeleri ekleyin. Yuvarlak kaşıklarla kızgın yağa bırakın. Her iki tarafı da kızarana kadar pişirin. Kağıt havluların üzerine boşaltın.

55. Kabuklu börek

Verim: 50 Porsiyon

Bileşen

- 2 pound Conch, ince doğranmış
- 1 su bardağı limon suyu
- ¼ su bardağı Zeytinyağı
- 1 adet yeşil dolmalık biber
-
-

-
-
  - 1 kırmızı dolmalık biber
  - 1 büyük soğan, ince doğranmış
  - 4 Yumurta, çırpılmış
  - 2 bardak Un
  - 1 çay kaşığı Tuz
- 1 çay kaşığı Cajun baharatı
- 6 çizgi Tabasco sosu
- 3 çay kaşığı Kabartma tozu
- 5 yemek kaşığı margarin, eritilmiş
- Kızartmak için bitkisel yağ

Balık pazarının deniz kabuğunu yumuşatıcıdan geçirmesini sağlayın. Kabukluyu 1 su bardağı limon suyu ve ¼ su bardağı zeytinyağında en az 30 dakika marine edin; boşaltmak.

Tüm malzemeleri birlikte karıştırın. SICAK bitkisel yağda altın rengi olana kadar yaklaşık 3-5 dakika kızartın. Kırmızı kokteyl sosu veya tartar sosu ile servis yapın.

56. Konserve istiridye börek

Verim: 12 Porsiyon

Bileşen

- 1 yumurta; iyi dövülmüş
- ½ çay kaşığı Tuz
- ⅛ çay kaşığı Karabiber
- ⅔ su bardağı beyaz buğday unu
- 1 çay kaşığı Kabartma tozu

-
-

    ¼ fincan Konserve deniz tarağı suyu veya süt

    1 yemek kaşığı tereyağı; erimiş

    1 su bardağı kıyılmış konserve istiridye; boşaltılmış

    Yağ veya berrak tereyağı

- ¼ su bardağı ekşi krema veya yoğurt
- 1 çay kaşığı dereotu; tarhun veya kekik

Tüm malzemeleri yavaşça karıştırın, en son midyeleri ekleyin. Sıcak yağlanmış bir kalbur veya demir tava üzerine her börek için 2 tepeleme yemek kaşığı bırakın.

Baloncuklar kırıldığında, börekleri çevirin.

Bir parça otlu ekşi krema, yoğurt veya tartar sosuyla sıcak servis yapın.

57. Yengeç ve avokadolu börek

Verim: 4 Porsiyon

Bileşen

- 2 pound Yengeç eti
- Tuz
- 1 su bardağı doğranmış yeşil soğan
- ¼ su bardağı kuru galeta unu
- 1 orta boy Avokado, soyulmuş ve doğranmış
-
-

-
-
    Kızartma İçin Mısır Yağı

    Çok Amaçlı Un

    İnce dilimlenmiş yeşil soğan

    2 yumurta

- ½ su bardağı Acı biber salsa

Yengeç, 1 c yeşil soğan ve avokadoyu büyük bir kapta birleştirin. Yumurta, salsa ve tuzu karıştırın; yengeç ekleyin. Ekmek kırıntılarında karıştırın. Karışımı 1½ inç toplar haline getirin.

Yağı büyük tavaya 3 inç derinliğe kadar dökün.

350 dereceye kadar ısıt

Un ile toz börek. Partiler halinde dikkatlice yağlayın (kalabalık yapmayın) ve altın kahverengi olana kadar, her iki tarafta yaklaşık 2 dakika pişirin.

Kağıt havluların üzerine boşaltın. Hazırlanan tabakaya aktarın ve hepsi pişene kadar fırında sıcak tutun. Yeşil soğan şeritleri ile süsleyin ve hemen servis yapın

58. Kerevit börek

Verim: 6 Porsiyon

Bileşen

- 1 su bardağı kerevit kuyrukları
- ¼ fincan Pimientos, doğranmış
- ¼ fincan Yeşil soğan, doğranmış
- 2 bardak un
-
-

-
-

    1 çay kaşığı kabartma tozu

    ½ çay kaşığı Tuz

    ½ çay kaşığı Sıvı yengeç kaynatın

    ½ su bardağı et suyu veya su

- kızartmalık yağ

Kerevitlere pimientos ve yeşil soğan ekleyin. Un, kabartma tozu ve tuzu birlikte eleyin ve kerevitlere ekleyin. Et suyu veya su ekleyin ve kalın bir meyilli yapmak için karıştırın. Üzerini örtüp ½ saat dinlendirin.

Hamuru kaşıkla dökün ve altın kahverengi olana kadar kızartın

59. istiridye börek

Verim: 4 Porsiyon

Bileşen

- 1 pint istiridye
- 1 yemek kaşığı Kabartma tozu
- 1½ çay kaşığı Tuz
-
-

-
-
- 1 su bardağı Süt
- 1 yemek kaşığı Tereyağı

  1¾ fincan Un, çok amaçlı

  1 çay kaşığı maydanoz, kıyılmış

  2 Çırpılmış yumurtalar

  2 çay kaşığı Soğan, rendelenmiş

Kuru malzemeleri birleştirin. Yumurta, süt, soğan, tereyağı ve istiridyeleri birleştirin. Kuru malzemelerle birleştirin ve pürüzsüz olana kadar karıştırın. Çay kaşığı kullanarak hamuru 350 derece F'de sıcak yağa bırakın ve 3 dakika veya altın rengi kahverengi olana kadar kızartın.

Emici kağıt üzerine boşaltın.

60. Endonezya mısır karidesli börek

Verim: 6 Porsiyon

Bileşen

- 3 Mısır Başı kazınmış ve iri kıyılmış
- ½ kilo Orta Boy Karides, kabuklu ve damarlı,
- 1 çay kaşığı kıyılmış sarımsak
- ½ su bardağı ince doğranmış arpacık veya: Yeşil soğan

  1 çay kaşığı öğütülmüş kişniş

  ¼ çay kaşığı öğütülmüş kimyon
-
-

- 2 yemek kaşığı kıyılmış kişniş yaprağı
- 2 yemek kaşığı Un
- 1 Çay kaşığı tuz
- 2 Çırpılmış yumurtalar
- Tavada kızartmak için fıstık veya bitkisel yağ
- daldırma için acı sos

BÜYÜK BİR KASEDE mısır, karides, sarımsak, yeşil soğan, öğütülmüş kişniş, kimyon, kişniş yaprağı, un, tuz ve yumurtaları birleştirin. Orta-yüksek ateşte bir tavada ince bir yağ tabakasını ısıtın. ¼ fincan mısır karışımını tavaya dökün. Börekler arasında ½ inç boşluk bırakarak tavaya sığacak kadar ekleyin.

Altın kahverengi ve gevrek olana kadar kızartın; dönüş. Her iki tarafta yaklaşık 1 dakika pişirin. Çıkarın ve kağıt havlu üzerinde süzün. Kalan börekleri kızartırken sıcak tutun.

61. İtalyan spagetti kabak börek

Verim: 4 Porsiyon

Bileşen

- 2 yumurta
- ½ su bardağı Kısmen yağsız ricotta peyniri
- 1 ons rendelenmiş parmesan peyniri
- 3 yemek kaşığı Un

  ½ çay kaşığı Kabartma tozu

  2 çay kaşığı Sebze. sıvı yağ

-
-

-
-
    - ⅛ çay kaşığı sarımsak tozu
    - ½ çay kaşığı Kuru kekik
    - ¼ çay kaşığı Kuru fesleğen
    - 1 yemek kaşığı kıyılmış soğan gevreği
- 2 su bardağı Pişmiş spagetti

Blender kabında spagetti hariç tüm malzemeleri birleştirin. Pürüzsüz olana kadar karıştır. spagetti ekle

Karışımı önceden ısıtılmış yapışmaz tavaya veya Pam püskürtülmüş ızgaraya dökün. Orta ateşte her iki tarafı da kahverengi olana kadar dikkatlice çevirerek pişirin.

SOS: Küçük bir sos tavasında 8 oz konserve domates sosu, ¼ çay kaşığı kuru kekik, ½ çay kaşığı sarımsak tozu, ¼ çay kaşığı kuru fesleğeni birleştirin. Sıcak ve kabarcıklı olana kadar ısıtın

Böreklerin üzerinde servis yapın.

62. Istakoz börek

Verim: 1 Porsiyon

Bileşen

- 1 su bardağı doğranmış ıstakoz
- 2 yumurta
- ½ su bardağı Süt
- 1¼ su bardağı Un
- 2 çay kaşığı kabartma tozu

    Tatmak için biber ve tuz

Bir küp ekmek altmış saniyede kızarana kadar derin yağı ısıtın.

-
-

Yağ ısınırken, yumurtaları ışığa kadar çırpın. Süt ve un ekleyin

-

kabartma tozu, tuz ve karabiber ile elenir ve ardından doğranmış ıstakoz.

Küçük kaşıklarla yağa bırakın, altın kahverengi olana kadar kızartın. Ilık fırında kahverengi kağıt üzerine boşaltın. Hızlı limon sosu ile servis yapın.

63. Salsalı midye börek

Verim: 4 Porsiyon

Bileşen

- 8 Yeşil kabuklu midye; kabuğun dışında
- 6 büyük Yumurta; hafif çırpılmış
- 50 mililitre Çift krema
- 10 mililitre balık ezmesi
- 2 yemek kaşığı Polenta
- 50 gram Taze soğan; dilimlenmiş

- 400 gram Kumera; haşlanmış sonra soyulmuş
- 1 küçük kırmızı soğan; soyulmuş ve dilimlenmiş
- 20 mililitre Taze limon suyu
- 2 Naşi; çekirdek kaldırıldı ve
- 30 mililitre Sızma zeytinyağı

Midyeleri dörde bölün ve yumurta, krema, nam pla, polenta ve taze soğanın yarısı ile bir kapta karıştırın. Son olarak kumera ile karıştırın.

Kalan taze soğanlar da dahil olmak üzere salsa yapmak için diğer tüm malzemeleri karıştırın ve 30 dakika bekletin.

Bir tavayı ısıtın ve yağla fırçalayın, ardından 4 büyük veya 8 küçük börek yapın. Bir tarafı altın sarısı olana kadar pişirin, ardından diğer tarafı çevirin ve pişirin.

64. Ahtapot börek

Verim: 8 Porsiyon

İçindekiler:

- 2 Ahtapot her biri yaklaşık 1 1/2 pound
- 1 çay kaşığı Tuz
- 2 litre Su
- 2 litre buzlu buzlu su
- 2 orta boy Soğan, soyulmuş ve kıyılmış
- 2 Yumurta, çırpılmış
- 1 su bardağı un veya isteğe göre daha fazla

- Tatmak için biber ve tuz

- kızartmalık yağ

Ahtapotu, içinde hızlı kaynayan tuzlu su bulunan büyük bir su ısıtıcısına bırakın. Orta-yüksek ateşte yaklaşık 25 dakika pişirin. Süzün ve buz ve buzlu su dolu bir kaba daldırın. Mor derinin hareketini kaba bir fırça ile kazıyın. Bacakları kesin ve ince doğrayın.

Kafaları atın. Bir kapta soğan, yumurta, un, tuz ve karabiberi karıştırın. Doğranmış ahtapot ekleyin ve iyice karıştırın. Karışımı $2\frac{1}{2}$ - 3 inç düz köfteler haline getirin. Büyük bir ağır tavada yaklaşık $\frac{1}{2}$ inç yağı ısıtın ve ahtapot böreklerini her iki tarafta iyice kızarana kadar kızartın. Hemen servis yapın.

65. Karidesli börek

Verim: 8 Porsiyon

Bileşen

- ½ su bardağı Süt
- ½ su bardağı Kendiliğinden kabaran un
- 1 su bardağı çiğ karides; doğranmış
- 1 su bardağı pişmiş pirinç
- 1 yumurta
- ½ su bardağı Yeşil soğan; doğranmış
- Tat vermek için tuz ve karabiber

Tüm malzemeleri birlikte karıştırın. Kızgın yağa çay kaşığıyla damlatın ve altın rengi olana kadar kızartın. Küçük yapın ve meze olarak servis yapın.

66. İstiridye mısır börek

Verim: 1 Porsiyon

Bileşen

- 2 su bardağı Mısır posası
- 2 Yumurta, ayrılmış
- ¼ çay kaşığı Biber
- 2 yemek kaşığı Un
- ½ çay kaşığı Tuz

Konserve veya taze mısır kullanılabilir. Mısır hamuruna çırpılmış yumurta sarısı, un ve baharatları ekleyin. Sert çırpılmış yumurta aklarını ekleyin ve karıştırın.

İstiridye büyüklüğünde kaşık kaşık tereyağlı bir tavaya damlatıp kızartın. Kaynak: Pennsylvania Dutch Cook Book - Fine Old Recipes, Culinary Arts Press, 1936.

67. Ton balıklı börek

Verim: 3 Porsiyon

Bileşen

- 1 su bardağı Un
- 1 çay kaşığı Kabartma tozu
- ½ çay kaşığı Tuz
- 2 yumurta
- ¼ su bardağı Süt
- 1 konserve ton balığı, süzülmüş ve kuşbaşı doğranmış

- 6 1/2 veya 7 oz. boyut
- Kuru soğan gevreği
- kızartmalık yağ

Un, kabartma tozu ve tuzu bir karıştırma kabına eleyin. Yumurtaları güzelce çırpın. Sütte çırpın. Sıvı malzemeleri kuru malzemelerle birleştirin.

Tüm un ıslanana kadar karıştırın. Ton balığını karıştırın. 375 derecelik kızgın yağa çay kaşığı kadar damlatın. Her tarafta altın olana kadar kızartın. Kağıt havluların üzerine boşaltın.

peynirli börek

68. Basle peynirli börek

Verim: 1 Porsiyon

Bileşen

- 4 dilim ekmek
- 1 ons Tereyağı
- 3 Soğan
- 4 Dilim Gruyere
- Kırmızı biber

Ekmeği tereyağında iki tarafını hafifçe kızartın ve fırın tepsisine dizin. İnce doğranmış soğanların üzerine kaynar su dökün ve biraz bekletin. Suyu boşaltın ve kalan tereyağında soğanları yumuşayana kadar kızartın.

Soğanları ince bir şekilde ekmeğin üzerine yayın ve her dilimi bir dilim peynirle kaplayın.

Üzerine kırmızı biber serpin ve çok sıcak fırında (445 derece F/Gaz işareti 8) peynir eriyene kadar pişirin. Bir kerede servis yapın.

69. Yoğurtlu kayısı soslu otlu börek

Verim: 6 Porsiyon

Bileşen

- 3 yumurta; hafif çırpılmış
- 150 gram Mozarella; rendelenmiş
- 85 gram Taze rendelenmiş Parmesan
- 125 gram Taze ekmek kırıntıları
- ½ Kırmızı soğan; ince doğranmış
- ¼ çay kaşığı kırmızı pul biber
- 2 yemek kaşığı taze mercanköşk

- 2 yemek kaşığı Kabaca doğranmış frenk soğanı
- 5 yemek kaşığı kıyılmış düz yaprak maydanoz
- 1 avuç roka yaprağı; kabaca doğranmış
- 1 avuç bebek ıspanak yaprağı; doğranmış
- Tuz ve karabiber ve ayçiçek yağı
- 500 gram küvet Yunan yoğurdu
- 12 Hazır kuru kayısı; ince doğranmış
- 2 diş sarımsak ve doğranmış taze nane

Yağ ve tereyağı hariç, hamur malzemelerini kalın ve oldukça katı olana kadar karıştırın. Nemli ise ekmek kırıntıları ile bağlayın.

Sos malzemelerini kullanmadan hemen önce karıştırın. 1cm/ $\frac{1}{2}$" yağı bir tavaya dökün, tereyağını ekleyin ve puslu olana kadar ısıtın.

Sıkıştırmak için elinizle sıkıca bastırarak oval şekilli börekleri kalıplayın. Kızgın yağda 2-3 dakika gevrekleşinceye kadar kızartın.

70. Bern peynirli börek

Verim: 1 Porsiyon

Bileşen

- 8 ons Rendelenmiş Gruyere peyniri
- 2 yumurta
- 2½ sıvı ons Süt
- 1 çay kaşığı Kirsch
- Kızartma için yağ
- 6 dilim ekmek

Rendelenmiş peyniri yumurta sarısı, süt ve Kirsch ile karıştırın. Çırpılmış yumurta aklarını katlayın ve karışımı ekmeğin üzerine yayın.

Yağı büyük bir tavada ısıtın ve ekmeği peynir tarafı aşağı gelecek şekilde sıcak yağa koyun.

Dilimler altın sarısı olunca çevirin ve diğer tarafta kısaca kızartın.

71. Fasulye, mısır ve kaşarlı börek

Verim: 5 Porsiyon

Bileşen

- ½ su bardağı Sarı mısır unu
- ½ su bardağı Ağartılmamış beyaz un
- ½ çay kaşığı Kabartma tozu
- Dash Öğütülmüş kimyon, kırmızı biber, tuz ve pul biber
- ½ su bardağı Süt
- 1 yumurta sarısı ve 2 yumurta akı

- 1 su bardağı siyah fasulye; pişmiş
- 1 su bardağı Keskin Cheddar peyniri
- ½ su bardağı Taze mısır; veya dondurulmuş mısır taneleri
- 2 yemek kaşığı Salantro; taze kıyılmış
- Kırmızı dolmalık biber ve Yeşil biber, Közlenmiş

Orta boy bir kapta mısır unu, un, kabartma tozu, tuz, pul biber, kimyon ve kırmızı biberi karıştırın.

Sütü yumurta sarısı ile çırpın ve kuru malzemelere ekleyin, iyice karıştırın. Fasulye, peynir, mısır, kişniş, kırmızı biber ve yeşil biberleri karıştırın. Yumurta aklarını hafifçe katlayın.

¼ fincan yağı orta-yüksek ateşte 10 inçlik bir tavada ısıtın. Her börek için yaklaşık ¼ fincan meyilli kaşık ve altın kahverengi olana kadar kızartın.

72.Mozzarellalı börek ve spagetti

Verim: 2 Porsiyon

Bileşen

- 2 diş sarımsak
- 1 küçük demet taze maydanoz ve 3 salata soğanı
- 225 gram yağsız kıyılmış domuz eti
- Taze rendelenmiş Parmesan ve Füme mozzarella
- 150 gram spagetti veya tagliatelle
- 100 mililitre Sıcak sığır eti stoğu
- 400 gram doğranmış domates
- 1 tutam Şeker ve 1 çizgi Soya sosu

- Tuz ve biber
- 1 Yumurta ve 1 yemek kaşığı Zeytinyağı
- 75 mililitre Süt
- 50 gram Sade un; artı tozlama için ekstra

Sarımsak, salatalık, soğan, sarımsak, Parmesan peyniri, maydanoz ve bol miktarda tuz ve karabiberi karıştırın. Sekiz sert top haline getirin. Geniş bir tavada yağı ısıtıp köfteleri pişirin. Stoka dökün.

Doğranmış domatesleri, şekeri, tuzu ve karabiberi pişirin ve köftelere ekleyin.

Yağı, sütü, unu ve biraz tuzu, kalın, pürüzsüz bir meyilli yapmak için yumurta sarısına yedirin. Mozzarellayı ince ince dilimleyin ve ardından un serpin. Yumurta sarılarını ekleyin ve çırpılmış yumurta aklarını ekleyin.

Unlu mozzarella dilimlerini hamura batırın ve gevrek ve altın rengi olana kadar her iki tarafta iki dakika pişirin.

73. Emmenthal peynirli börek

Verim: 1 Kişi

Bileşen

- 1 büyük dilim ekmek
- 1 dilim jambon
- 1 yemek kaşığı Tereyağı
- 1 Dilim Emmental peyniri
- Tuz biber
- 1 yumurta

Ekmeği hafifçe kızartın. Jambonu kısaca kızartın, ekmeğin üzerine koyun, peynirle kaplayın ve baharatlayın. Oldukça sıcak fırına koyun ve peyniri eritin veya ocağın üstündeki kapalı tavada bırakın.

Son anda, kızarmış yumurtalı üst peynir.

74. Mısır unu çedarlı börek

Verim: 1 Porsiyon

Bileşen

- 1 su bardağı Mısır unu
- 1 su bardağı rendelenmiş keskin Cheddar
- ½ su bardağı rendelenmiş soğan
- ¼ su bardağı kıyılmış kırmızı dolmalık biber
- 1 çay kaşığı Tuz
- Cayenne, tatmak için

- ½ su bardağı kaynar su

- Kızartmak için bitkisel yağ

- Louisiana tarzı acı sos, örneğin Crystal markası

Bir kapta mısır unu, Cheddar, soğan, dolmalık biber, tuz ve kırmızı biberi birleştirin.

Kaynar suda karıştırın ve iyice karıştırın. Derin, ağır bir tavada veya fritözde 3 inç bitkisel yağı 350 F'ye ısıtın. 6 kaşık meyilli yağı yağa bırakın ve 2-3 dakika veya altın rengi kahverengi olana kadar kızartın.

75. Camembert börek

Verim: 10 Porsiyon

Bileşen

- 3 yemek kaşığı Tereyağı/margarin
- 3 yemek kaşığı Çok amaçlı un
- 1 su bardağı Süt
- 4 ons Camembert Peyniri
- tatmak için tuz
- Acı biber tadı

-
- 1 büyük yumurta

    1 yemek kaşığı Tereyağı/margarin

- ½ su bardağı İnce ekmek kırıntıları

Tereyağını med üzerinde ağır bir tencerede eritin. sıcaklık. Unu hızlıca karıştırın. Sütü azar azar ilave ederek iyice karıştırın. Kaynatın, peyniri sosa ekleyin ve eriyene kadar karıştırın. Tat vermek için tuz ve acı biber ekleyin.

Karışımı yarım parmak kalınlığında fırın tepsisine yayın. Peynir karışımını kareler halinde kesin.

Yumurtaları suyla çırpın. Peynir parçalarını ekmek kırıntılarında yuvarlayın ve ardından yumurta karışımına batırın. Onları tekrar kırıntıların içinde yuvarlayın ve fazla kırıntıları silkeleyin.

Peynir parçalarını birer birer yağın içine bırakın. Sadece altın kahverengi olana kadar kızartın.

76. Karnabahar-çedarlı börek

Verim: 24 Porsiyon

Bileşen

- 1½ su bardağı Çok amaçlı un
- 2 çay kaşığı kabartma tozu
- ½ çay kaşığı Tuz
- 2 su bardağı doğranmış karnabahar
- 1 su bardağı rendelenmiş Cheddar peyniri
- 1 yemek kaşığı doğranmış soğan
- 1 büyük yumurta

-
- 1 su bardağı Süt

    Sebze yağı

İlk 3 malzemeyi büyük bir kapta birleştirin; karnabahar, peynir ve soğanı karıştırın.

Yumurta ve sütü birlikte çırpın. Sadece nemlendirilene kadar çırparak un karışımına ekleyin.

Hollanda fırınına 2 inç derinliğe kadar bitkisel yağ dökün; 375 derece F'ye ısıtın. Hamuru yuvarlatılmış yemek kaşığı dolusu yağa bırakın ve her iki tarafta 1 dakika veya börekler altın rengi kahverengi olana kadar kızartın. Kağıt havluların üzerine iyice süzün ve hemen servis yapın.

77. Peynir dolması patates börekleri

Verim: 5 Porsiyon

Bileşen

- 2 pound Fırında patates, pişmiş
- ⅓ su bardağı Tereyağı, yumuşatılmış
- 5 Yumurta sarısı
- 2 yemek kaşığı Maydanoz
- 1 çay kaşığı Tuz
- ½ çay kaşığı Biber
- Bir tutam hindistancevizi
- 4 ons mozzarella peyniri
- Çok amaçlı un
- 2 büyük Yumurta, hafifçe dövülmüş
- 1½ fincan İtalyan ekmek kırıntısı

Patatesleri ve tereyağını geniş bir karıştırma kabında birleştirin; pürüzsüz olana kadar elektrikli karıştırıcı ile orta hızda çırpın. Sarısı ve sonraki 4 malzemeyi iyice karıştırarak ekleyin. Patates karışımını 10 parçaya bölün. Her porsiyonu bir dilim peynirin etrafına sarın; oval şeklinde şekillendiriyoruz.

- Her birini unla hafifçe tozlayın; çırpılmış yumurtaya batırın ve İtalyan Ekmeği kırıntılarına bulayın. 20 dakika soğutun.

Hollandalı bir fırında 4 inç derinliğe kadar yağ dökün 340 dereceye kadar ısıtın. Bir seferde birkaç börek kızartın, 8 dakika, bir kez dönerek.

78. Armut ve kaşarlı börek

Verim: 1 Porsiyon

Bileşen

- 4 orta boy Bartlett armudu; soyulmuş
- 16 dilim keskin kaşar peyniri
- ½ su bardağı Çok amaçlı un
- 2 büyük Yumurta; karıştırmak için dövülmüş
- 2 su bardağı taze beyaz ekmek kırıntısı

Her armutun karşılıklı kenarlarından 3 ince dikey dilim kesin; çekirdekleri atın.

Armut ve peynir dilimlerini dönüşümlü olarak, 8 böreğin her biri için 3 armut dilimi arasına 2 peynir dilimini yerleştirin. Her peynirli armut sandviçini sıkıca bir arada tutarak, hafifçe un, ardından yumurta, ardından ekmek kırıntıları ile kaplayın, tamamen kaplayın ve kırıntıları yapışması için bastırın.

Ağır büyük tavaya 1 inç derinliğe kadar yağ dökün ve 350F'ye ısıtın. Börekleri altın rengi olana kadar, her iki tarafı yaklaşık 2 dakika olacak şekilde oluklu kaşıkla çevirerek gruplar halinde pişirin. Kağıt havluların üzerine boşaltın.

79. Bagna cauda ile Ricotta ve kestane börek

Verim: 4 Porsiyon

Bileşen
- 1 su bardağı Taze ricotta

- 3 büyük Yumurta
- ½ su bardağı Parmigiano-Reggiano peyniri
- ¼ su bardağı kestane unu
- 1 su bardağı ince kıyılmış kavrulmuş kestane
- 1 adet hamsi filetosu olabilir
- 6 diş sarımsak; ince doğranmış
- ½ su bardağı Sızma zeytinyağı
- 6 yemek kaşığı Tuzsuz tereyağı
- 1 litre Saf zeytinyağı

Büyük bir karıştırma kabına ricotta peyniri, 2 yumurta ve ½ fincan Parmigiano-Reggiano koyun ve iyice karıştırın. Kestane ununu elinizle kurabiye gibi pürüzsüz bir hamur elde edene kadar karıştırın.

Küçük bir kapta kalan yumurtayı çırpın. Az miktarda ricotta karışımı alın ve 2 inçlik bir top yapın. Topu dikkatlice çırpılmış yumurta ile örtün ve hala ıslakken kıyılmış kestane serpin.

Bu sırada küçük bir sos tenceresine hamsileri, suları, sarımsak ve ½ su bardağı zeytinyağını koyup orta ateşte karıştırarak pişirin.

Hamsileri püre haline getirin. 1 yemek kaşığı tereyağını eriyene ve pürüzsüz hale gelene kadar karıştırın.

Ricotta toplarını kızgın yağda altın sarısı olana kadar kızartın.

80. Waadtland peynirli börek

Verim: 1 Porsiyon

Bileşen

- 4 dilim tost, her biri 1 3/8 inç kalınlığında
- 2½ sıvı ons Beyaz şarap
- 5½ ons gravyer peyniri, rendelenmiş
- 1 yumurta
- Kırmızı biber
- Biber

Tost dilimlerini biraz şarapla ıslatın ve fırın tepsisine dizin. Şarabın geri kalanını peynir, yumurta ve baharatlarla oldukça kalın bir macun kıvamına gelene kadar karıştırın ve tost ekmeğinin üzerine yayın.

Daha fazla kırmızı biber ve karabiber serpin. Peynir erimeye başlayana kadar çok sıcak bir fırında (445 derece F/Gaz işareti 8) kısaca pişirin, hemen servis yapın.

ETLER VE KANATLI BÖREKLER

81. Tavuklu börek

Verim: 6 Porsiyon

Bileşen

- 20 dakika hazırlık süresi
- 2 su bardağı Tavuk; ince doğranmış pişmiş
- 1 çay kaşığı Tuz
- 2 çay kaşığı kıyılmış taze maydanoz

- 1 yemek kaşığı Limon suyu
- 1 su bardağı Kuru hardal
- 1 su bardağı beyaz şarap sirkesi
- 2 Yumurta; dövülmüş dakika pişirme süresi
- 1¼ su bardağı Un
- 2 çay kaşığı kabartma tozu
- ⅔ su bardağı Süt
- ¾ su bardağı Bal
- ¼ çay kaşığı Tuz

Büyük bir kapta tavuğu tuz, maydanoz ve limon suyuyla atın. 15 dakika kenara koyun. Başka bir büyük kapta un, kabartma tozu, yumurta ve sütü birleştirin. İyice karıştırmak için karıştırın.

Un karışımını tavuklara ekleyin ve iyice karıştırın.

Hamuru kaşık kaşık kızgın yağa atın ve gruplar halinde 2 dakika, altın rengi olana kadar kızartın. Kağıt havluların üzerine boşaltın ve daldırma için ballı hardalla servis yapın.

Ballı hardal tarifi hazırlayın

82. Tıknaz dana börekleri

Verim: 5 Porsiyon

Bileşen

- 2 pound Pişmiş Mevsimsiz Rozbif
- 6 yemek kaşığı Süt
- 1 yemek kaşığı Ağartılmamış Çok Amaçlı Un
- 3 adet Büyük Yumurta, Dövülmüş
- 1½ su bardağı Kendiliğinden Yükselen Un
- 4 çay kaşığı Tuz
- ¼ çay kaşığı Biber

Süt ve unu birleştirin; yumurtalara karıştırın. Kendiliğinden kabaran un, tuz ve karabiberi karıştırın.

Kızarmış dana parçalarını yumurta karışımına batırın ve un karışımına bulayın.

Kızarana ve iyice ısıtılana kadar sıcak derin yağda kızartın. Emici kağıt havluların üzerine boşaltın ve sıcak servis yapın.

83. Çalı fasulyeli ve makarnalı yumurtalı börek

Verim: 6 Porsiyon

Bileşen

- 1 kilo çalı fasulyesi, haşlanmış
- ½ pound Makarna veya ziti
- ½ su bardağı ekmek kırıntısı, tatlandırılmamış
- ½ çay kaşığı Sarımsak, ince doğranmış

- kıyılmış maydanoz

- Marinara sosu

- 6 yemek kaşığı Parmesan, rendelenmiş

- 6 Yumurta, çırpılmış

- Tuz biber

- kızartmalık yağ

Yumurtalara ekmek kırıntıları, peynir, maydanoz, tuz, karabiber ve sarımsak ekleyin. Bir hamur oluşturmak için iyice karıştırın. Yağı orta derecede ısıtın, sıcakken bir damla hamur sertleşmeli ve yüzeye çıkmalıdır. Bir seferde bir çay kaşığı meyilli koyun. Kalabalık etmeyin.

Börekler kabardığında, altın bir kabuk oluşana kadar çevirin.

Geniş bir servis kasesinde çalı fasulyesi, makarna ve marinara sosunu birleştirin.

84. Taze mısır ve sosisli börek

Verim: 24 Porsiyon

Bileşen

- 1 su bardağı Çok amaçlı Un, elenmiş
- 1 çay kaşığı Kabartma Tozu
- 1 çay kaşığı Tuz
- $\frac{1}{8}$ çay kaşığı biber
- $\frac{1}{4}$ çay kaşığı kırmızı biber
- 1 su bardağı sosis, pişmiş ve ufalanmış
- 1 su bardağı koçanından alınmış taze mısır
- 2 Yumurta Sarısı, dövülmüş

- 2 yemek kaşığı Süt

- 2 Yumurta Beyazı, sert dövülmüş

- Kızartmalık yağ

Un, kabartma tozu ve baharatları bir karıştırma kabında birlikte eleyin. Sosis, mısır, yumurta sarısı ve sütü ekleyin; karışana kadar karıştırın. Sert dövülmüş yumurta aklarını katlayın.

360 - 365 derece ısıtılmış yağa çay kaşığı dolusu damlatın.

3 ila 5 dakika pişirin, her taraftan kahverengiye dönün. Kağıt havluların üzerine boşaltın.

85. Sosisli mısır börek

Verim: 6 torun

Bileşen

- 6 Yumurta; ayrılmış
- Pimiento ile 12 ons mısır
- 6 Sosisli sandviç
- ½ su bardağı Çok amaçlı un
- ½ çay kaşığı Tuz
- 1 yemek kaşığı şeri pişirme

Yumurta sarılarını hafif ve kabarık olana kadar çırpın; mısırı, doğranmış sosisleri, unu, tuzu ve şeri ekleyin. Çok iyi karıştırın. Yumurta aklarını tepecikler haline gelene kadar çırpın. Yumurta aklarını havasını kaybetmemeye dikkat ederek sosisli karışımına katlayın.

Her kek için yaklaşık ¼ fincan karışım kullanarak, sıcak, hafif yağlanmış bir ızgarada krep yapar gibi kızartın. Bir kerede servis yapın, sıcak.

86.Kore etli börek

Verim 4 Porsiyon

Bileşen

- 2 pound bonfile ucu biftek
- 3 Dal yeşil soğan, kıyılmış
- 2 yemek kaşığı Susam tohumu yağı
- 2 çay kaşığı Susam tohumu
- ½ su bardağı soya sosu
- 1 diş sarımsak, kıyılmış
- 1 tutam karabiber
- 5 Yumurta

Yumurta hariç diğer tüm malzemeleri birleştirin ve eti bir saat sosun içinde bekletin.

Eti unlayın ve hafifçe çırpılmış yumurtaya batırın ve orta ateşte kızarana kadar kızartın. Sosla birlikte sıcak servis yapın.

Sos: 2 yemek kaşığı. soya sosu 1 çay kaşığı. doğranmış yeşil soğan 1 çay kaşığı. susam tohumu 1 çay kaşığı. sirke 1 çay kaşığı. şeker Tüm malzemeleri karıştırın.

87. Parmesan ve mozzarellalı börek

Verim: 4 Porsiyon

Bileşen

- 1 diş sarımsak; doğranmış
- 2 Olgun mozzarella; rendelenmiş
- 1 küçük Yumurta; dövülmüş
- Birkaç yaprak taze fesleğen
- 70 gram Parmesan; rendelenmiş
- 2 yemek kaşığı sade un
- Tuz ve biber

Mozzarella peyniri, sarımsak, fesleğen, parmesan ve baharatı karıştırın ve çırpılmış yumurta ile bağlayın. Biraz un ekleyin, şekil verin ve yaklaşık 30 dakika buzdolabında dinlendirin.

Kızartmadan önce hafifçe un ile kaplayın

Karışım oldukça yumuşak olmalıdır, çünkü buzdolabında gerekli süre kadar dinlendikten sonra sertleşir. Tavadaki yağ çok sıcak olmamalıdır, aksi takdirde böreklerin dışı yanar ve ortası soğuk olur.

tatlı börek

88. Çikolata kaplı cevizli börek

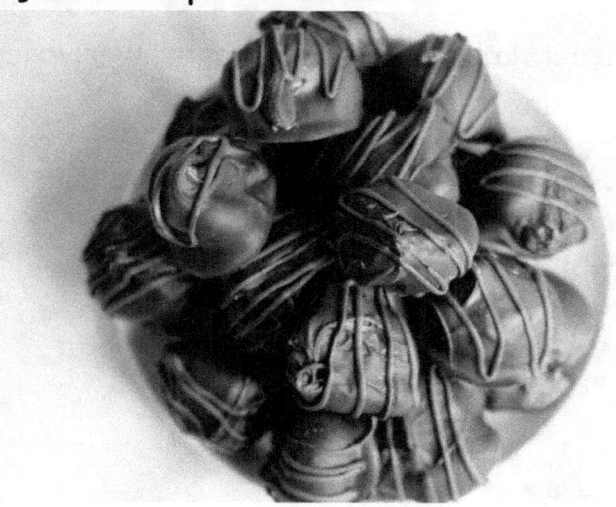

Verim: 4 düzine

Bileşen

- 2 paket Vanilyalı karamel; 6 oz. ea.
- 2 yemek kaşığı Süt, buharlaştırılmış
- 2 bardak Pekan yarısı
- 8 ons Sütlü çikolata. çubuk; karelere bölünmüş
- ⅓ Parafin çubuğu; parçalara ayrılmış

Karamelleri ve sütü çift kazanın üstünde birleştirin; sürekli karıştırarak karamel eriyene kadar ısıtın. Tahta kaşıkla krema kıvamına gelene kadar çırpın; cevizleri karıştırın. Tereyağlı mumlu kağıda çay kaşığı damla; 15 dakika bekletin.

Çift kazanın tepesinde çikolata ve parafini birleştirin; eriyene ve pürüzsüz olana kadar ısıtın, ara sıra karıştırarak.

Bir kürdan kullanarak her böreği çikolata karışımına batırın.

Soğuması için yağlı kağıt üzerine yerleştirin.

89. Choux börek

Verim: 1 Porsiyon

Bileşen

- ½ su bardağı Tereyağı veya margarin
- 1 su bardağı Kaynar su
- ¼ çay kaşığı Tuz
- 1¾ su bardağı Un
- 4 yumurta
- 4 su bardağı Bitkisel yağ; (12 oz)
- Toz şeker

Tereyağı, kaynar su, tuz ve unu bir tencerede orta ateşte birleştirin. Karışımı tavanın kenarlarından ayrılıp bir top oluşturana kadar kuvvetlice çırpın. Isıdan çıkarın ve hafifçe soğutun. Çelik bıçaklı bir karıştırıcıya veya mutfak robotuna dökün ve her eklemeden sonra iyice çırparak yumurtaları teker teker ekleyin. Bütün yumurtalar eklenip karışım koyu kıvama gelince kaşıkla kaldırıldığında şeklini koruması gerekir.

Bir çorba kaşığı önce kızgın yağa, sonra hamura batırın.

Kızgın yağa yemek kaşığı dolusu harcı dikkatlice dökün ve her tarafı kızarana kadar pişirin. Oluklu bir kaşıkla yağdan çıkarın ve kağıt havluların üzerine boşaltın.

90. Noel pudingi börek

Verim: 1 Porsiyon

Bileşen

- 25 gram Kendiliğinden kabaran un
- 125 mililitre Bira
- 125 mililitre Süt
- 125 mililitre Soğuk su
- 1 Kalan Noel pudingi
- 1 Sade un

1 fritöz yağ ile

Bir meyilli yapmak için ilk dört malzemeyi birleştirin. 20 dakika kenara koyun.

Fritözü 180C'ye ısıtın.

Pudingi küpler veya parmaklar halinde kesin, unun içinde yuvarlayın ve ardından hamura daldırın. altın olana kadar derin kızartın.

Mutfak havlusunun üzerine alıp servis yapın.

91. Tarçınlı börek

Verim: 1 Porsiyon

Bileşen

- 1 su bardağı Sıcak su
- ⅓ fincan Kısaltma
- 2 bardak un
- ½ bardak) şeker
- 1 yemek kaşığı Tarçın

- Tuz

    2 çay kaşığı kabartma tozu

- Derin kızartma için sıvı yağ

- $\frac{1}{4}$ Tarçın

- $\frac{1}{2}$ su bardağı pudra şekeri

Tavuğu sıcak suda eritin. Un, şeker, tarçın, tuz ve kabartma tozunu ekleyip karıştırın. İyice karıştırın. Bir topun içine yuvarlayın ve hamuru en az 1 saat soğutun. 1 inçlik bitkisel yağı bir fritöz veya tavada 375 dereceye ısıtın. Hamurdan küçük parçalar koparın ve toplar halinde yuvarlayın.

3-4 dakika kahverengileşinceye kadar kızartın

Delikli kepçe ile kızgın yağdan çıkarın. Kağıt havluların üzerine boşaltın ve rafta birkaç dakika soğutun. Tarçın ve şekeri bir kapta karıştırın. Sıcak tarçınlı börekleri tamamen kaplayacak şekilde şeker karışımına bulayın. Sıcak servis yapın.

92.Fransız börek

Verim: 1 Porsiyon

Bileşen

- 2 yumurta; ayrılmış
- ⅔ su bardağı Süt
- 1 su bardağı Un; elenmiş
- ½ çay kaşığı Tuz
- 1 yemek kaşığı Tereyağı; erimiş
- 2 yemek kaşığı Limon suyu
- 1 Limon; rendelenmiş kabuk

2 yemek kaşığı Şeker

- 4 Elma veya portakal, ananas
- incir veya armut

Üzerine dilediğiniz meyve dilimlerini limon kabuğu rendesi ve şeker serpip 2-3 saat bekletin. İnce Fritter Hamurunu boşaltın ve daldırın.

Hamur: Mikser, yumurta sarısı, süt, un, tuz tereyağı ve limon suyu ile birlikte çırpın. Sert dövülmüş yumurta beyazlarını katlayın.

Derin yağda kızartın 375

Süzün ve 10xşeker veya tatlı bir şurup veya sos ile sıcak servis yapın.

93. Akçaağaç börek

Verim: 24 Börek

Bileşen

- 3 adet Yumurta
- 1 yemek kaşığı Krem
- ½ çay kaşığı Tuz
- 2 su bardağı Süt
- 2 çay kaşığı kabartma tozu
- 4 su bardağı Un

Kabartma tozu ve tuzu unla karıştırıp sütü ekleyin. Yumurtaları ve kremayı birlikte çırpın ve un karışımına karıştırın. Yemek kaşığı kadar sıcak yağa bırakın, 370 ° F'ye ısıtın ve yaklaşık 5 dakika bitene kadar kızartın. Sıcak akçaağaç şurubu ile servis yapın.

94. Rum kirazlı börek

Verim: 6 Porsiyon

Bileşen

- ½ su bardağı Çok amaçlı un
- 2 yemek kaşığı pudra şekeri
- ¼ çay kaşığı Tuz
- 1 kilo kiraz saplı
- şekerleme şekeri
- 2 yumurta; ayrılmış

- 2 yemek kaşığı rom
- ½ su bardağı Arıtılmış tereyağı
- ½ su bardağı Bitkisel yağ

Orta boy bir kapta un, yumurta sarısı, 2 T şekerleme şekeri, rom ve tuzu pürüzsüz bir hamur elde edene kadar karıştırın. Üzerini örtüp 1-2 saat bekletin.

Yumurta aklarını sertleşene kadar çırpın ve hamura yedirin.

Tereyağı ve bitkisel yağı büyük bir tavada 360 derece F'ye ısıtın, ardından ısıyı düşük seviyeye getirin.

Kirazları hamura batırın ve kızgın yağda bekletin.

3 dakika ya da altın kahverengi olana kadar kızartın

Kirazları çıkarın. Onları şekerlemenin şekerine batırın ve servis yapın.

95. Suvganioot

Verim: 20 Veya 25

Bileşen

- 1 su bardağı ılık su
- 1 paket kuru maya
- 1 yemek kaşığı Şeker
- 4 su bardağı Çok amaçlı un
- 1 su bardağı ılık süt
- 1 yemek kaşığı tuzsuz tereyağı (erimiş)
- 1 yemek kaşığı Yağ

- 1 yumurta
- 2 çay kaşığı Tuz
- 3 yemek kaşığı Şeker
- Zevkinize göre reçel
- Üzerine serpmek için şeker ve tarçın

Maya malzemelerini karıştırıp 10 dakika dinlendirin.

Maya karışımını un hariç tüm malzemelerle karıştırın. Unu yavaşca karıştırın ve iyi çalışın. 3 saat dinlenmeye bırakın. Sıcak ve derin yağda kızartın, meyilli büyük bir kaşıkla ölçün.

Eşit şekilde kızarmak için bir kez çevirin. Kağıt havluların üzerine boşaltın. Soğuyunca reçeli doldurun ve üzerine şeker ve tarçın serpin.

96. Şaraplı börek

Verim: 4 Porsiyon

Bileşen

- 4 Çubuk tipi rulo
- 200 gram Un (1 3/4 su bardağı)
- 2 yumurta
- ¼ litre Süt
- 1 tutam Tuz
- Derin kızartma için yağ
- ½ litre Şarap VEYA elma şarabı
- Tadımlık şeker

Un, yumurta, süt ve tuzu bir hamur haline getirin. Ruloları 4 dilime kesin. Dilimleri hamura batırın ve ardından altın kahverengi olana kadar kızartın.

Börekleri bir kaseye yerleştirin ve üzerlerine sıcak, şekerli şarap veya elma şarabı dökün. Servis yapmadan önce şarabı emmeleri için onlara zaman verin.

YENEBILIR ÇIÇEK BÖREKLER

97. Mürver çiçeği köpüğü ile servis edilen mürver çiçeği börekleri

Verim: 4 Porsiyon

Bileşen

- Derin kızartma için ayçiçek yağı

- 8 Baş mürver çiçeği; boyutuna bağlı olarak

- 180 gram Sade un

- 1 yemek kaşığı Pudra şekeri

- Bir tutam tuz

- 1 limonun ince rendelenmiş kabuğu

- 2 yumurta

- 60 mililitre Süt

- 60 mililitre Kuru beyaz şarap

- 1 Adet limon ve pudra şekeri

Unu şeker ve tuzla birlikte bir kaseye eleyin. Limon kabuğu rendesi ve yumurtaları ekleyin ve sütün yarısını ve şarabın yarısını dökün. Sıvıları unun içine karıştırmaya başlayın, yavaş yavaş sütün ve şarabın geri kalanını ekleyerek pürüzsüz bir hamur elde edin.

Çiçekleri tek tek saplarından alın ve hamurun içine daldırın. Kaldırın ve fazla hamurun akmasına izin verin, ardından yağın içine kaydırın.

İki dakika sonra alt kısım açık altın kahverengi olmalıdır. Börekleri çevirin ve bir dakika daha gevrekleştirin. Servis yapmadan önce mutfak kağıdına boşaltın.

98. Karahindiba çiçekli börek

Verim: 10 Porsiyon

Bileşen

- 1 su bardağı Tam Buğday Unu
- 2 yemek kaşığı Zeytinyağı
- 2 çay kaşığı kabartma tozu
- 1 su bardağı Karahindiba Çiçeği
- 1 tutam Tuz
- 1 yumurta
- Yapışmaz Bitkisel Yağ Spreyi
- ½ su bardağı Az Yağlı Süt

Kreplerdeki bu varyasyon, iyi bir A Vitamini kaynağı olan karahindiba sarı puflarını kullanır.

Bir kapta un, kabartma tozu ve tuzu karıştırın. Ayrı bir kapta yumurtayı çırpın ve ardından süt veya su ve zeytinyağı ile karıştırın.

Kuru karışımla birleştirin. Sarı çiçekleri ezmemeye dikkat ederek dikkatlice karıştırın.

Bir ızgaraya veya kızartma tavasına hafifçe bitkisel yağ püskürtün.

İyice ısınana kadar ısıtın. Hamuru kaşıkla ızgaraya dökün ve krep gibi pişirin.

99.Elderflower börek

Verim: 1 Porsiyon

Bileşen

- 8 Mürver çiçeği kafaları
- 110 gram sade un
- 2 yemek kaşığı Ayçiçek yağı
- 150 mililitre Lager veya su
- 1 Yumurta beyazı
- kızartmalık yağ
- pudra şekeri; elenmiş
- limon dilimleri

Un ve tuzu birlikte eleyin ve yağ ve lager ile bir hamur haline getirin. 1 saat serin bir yerde bekletin. Yumurta beyazını sert tepeler olana kadar çırpın. Hamuru kullanmadan hemen önce yumurtayı katlayın.

Derin bir tavada veya fritözde biraz yağ ısıtın. Çiçek başlarını meyilli batırın ve ardından tütsülenmiş sıcak yağa bırakın ve altın kahverengi olana kadar kızartın.

Börekleri mutfak kağıdına boşaltın. Bir tabağa koyun, elenmiş pudra şekeri serpin ve limon dilimleri ile servis yapın.

100. Gül yapraklı börek

Verim: 4 Porsiyon

Bileşen

- 1 demet gül yaprağı
- şekerleme şekeri
- tatlı sos

Yaprakları atın ve hafifçe karıştırın.

Kızgın yağa atıp altın rengi olana kadar kızartın.

Kızartmak için: Yiyecek parçalarını hamura batırın. Altın kahverengi olana kadar 375 derecede 3-4 inç yağda kızartın.

Kağıt havlu üzerine boşaltın.

Meyveli börekleri şekerleme şekeri serpin veya tatlı bir sos ile üstüne serpin.

ÇÖZÜM

Tatlı veya tuzlu, mütevazi börek lezzetli bir şekilde çok yönlüdür. Kızartma tavasından gevrek ve sıcak, özellikle tembel bir hafta sonu kahvaltısının bir parçası olarak, hamur bazlı yemeğin tadını çıkarmanın en iyi yolu.

Biraz özenle, kahvaltı, akşam yemeği, tatlı veya sadece atıştırmalık olarak uygun, zengin ve çökmekte olan bir muamele olan ev yapımı börek yapmak kolaydır. Bu kitapta, hemen hemen herkesi memnun edecek, deneyebileceğiniz çok çeşitli börek tarifleri var.

Börek yapmaya başlamadan önce, mutfağınıza ve damak zevkinize uygun doğru hamuru bulun. Serinletici bir lezzet için hafif tat veren hindistancevizi yağı kullanan bu temel hamur tarifini deneyin. Tatlı ve meyveliden ete ve tuzluya kadar seçtiğiniz farklı dolguları karıştırın.

www.ingramcontent.com/pod-product-compliance
Lightning Source LLC
Chambersburg PA
CBHW070415120526
44590CB00014B/1405